数字化改革 ②

场景革命

数字化赋能行业转型

高峰　周伟华 ／等著

ZHEJIANG UNIVERSITY PRESS
浙江大学出版社
·杭州·

图书在版编目（CIP）数据

场景革命：数字化赋能行业转型 / 高峰等著 . -- 杭州：
浙江大学出版社，2022.10（2023.6 重印）
　　ISBN 978-7-308-22751-3

　　Ⅰ．①场… Ⅱ．①高… Ⅲ．①数字技术－应用－区域
经济－经济改革－研究－浙江 Ⅳ．① F127.55-39

中国版本图书馆 CIP 数据核字（2022）第 105744 号

场景革命：数字化赋能行业转型

高　峰　周伟华　等著

责任编辑　卢　川
责任校对　陈　欣
装帧设计　卓义云天
责任印制　范洪法
出版发行　浙江大学出版社
　　　　　（杭州市天目山路148号　　邮政编码　310007）
　　　　　（网址：http://www.zjupress.com）
排　　版　杭州林智广告有限公司
印　　刷　广东虎彩云印刷有限公司绍兴分公司
开　　本　710mm×1000mm　1/16
印　　张　14
字　　数　168千
版 印 次　2022年10月第1版　2023年6月第3次印刷
书　　号　ISBN 978-7-308-22751-3
定　　价　58.00元

序

　　数字经济是继农业经济、工业经济之后的主要经济形态，数字经济发展是中国在第四次工业革命中实现换道升级的宝贵机遇，对实现高质量发展和中华民族伟大复兴具有非常重要的战略意义。

　　数字经济发展包含了生产要素、基础设施、产业模式和生产工具等多方面的革新。在数字经济时代，知识和数据被广泛地运用于人类社会生产、生活和社会治理，成为并列于人力、土地和资本的新要素；5G通信、互联网络、云计算、区块链等成为新的重要基础设施；数字平台和网上协作等成为新的产业模式；信息软硬件和人工智能成为新的重要生产工具。数字经济在要素、基础设施、产业模式和生产工具方面的革新，可以大大加快创新的供给和扩散，优化生产函数中的要素配置，提高生产和服务效率，降低交易成本，从而提高产业竞争优势。

　　当然，作为新生的经济形态，数字经济也是人类发展的新阶段，机遇与风险并存。现有产业如何转型？新生产业如何发展？全世界都在关心这些问题。2021年12月国务院印发了《"十四五"数字经济发展规划》，描绘了全国向数字经济进军的方案，浙江省确立实施数字经济"一号工程"，经过多年持续推动，取得了丰富的经验和成果。本书汇总了杭州未来科技城相关企业数字化改革先锋行动的经验，对于全国乃至全世界如何发展数字经济具有重要的借鉴作用。

21世纪的数字化变革，是人类发展史上一场十分重要精彩而深刻的变化，其背景是世界正在从原来的"人—物"二元空间，演变为"人—物—信息"三元空间，由此产生的大数据等新的信息流和增强现实（AR）、工业互联网、数字孪生、元宇宙等新的技术，也会推动经济、管理、文化等学科的大变化。与此同时，人工智能也走向了2.0时代。人工智能是数字经济发展重要抓手。2017年7月国务院印发的《新一代人工智能发展规划》提出，人工智能作为新一轮产业变革的核心驱动力，引发经济结构重大变革，深刻改变人类生产生活方式和思维模式，实现社会生产力的整体跃升。本书的众多案例也充分体现了人工智能在智能经济、智能社会、智能城市、元宇宙、智能制造等从宏观到微观领域的前瞻应用。

中国数字经济规模仅次于美国，位居世界第二。加快产业数字化转型，是我国经济整体实现提质增效发展的重要途径。历史可能会证明，在这场伟大的变革中，我国的体制和基础更有利于我们为人类登上新高峰作出贡献。

潘云鹤

2022年8月3日

前　言

2021 年 3 月，十三届全国人大四次会议通过的《中华人民共和国国民经济和社会发展第十四个五年规划和 2035 年远景目标纲要》首次以独立篇章部署"加快数字化发展 建设数字中国"，并将"场景"提至前所未有的高度。浙江省数字化改革总体方案也提出要建设跨部门多场景协同应用，实现自上而下的顶层设计和自下而上的应用场景创新相结合。

"场景"一词源于戏剧领域，是指在特定的时间、空间，以特定主体活动为中心构建起特定的互动关系。数字化改革"场景革命"的内在逻辑在于"需求牵引"。针对经济社会发展遇到的新痛点新需求，运用数字化思维、认知、技术、方法等，找到解决痛点、满足需求、提升体验的方法，并对其进行数字化技术重构与制度重塑。数字化改革的"场景革命"并不是将之前的做法推倒重来，而是基于数字化业务系统的大集成、大融合，关键在于流程再造、数据对接和资源整合，进而创新场景组合，实现惠民、兴业、优政。

　　本书集合了六个典型的数字化改革场景，详细呈现了数字化场景革命的内涵、逻辑和举措，希望其中的成功经验能为数字化改革的践行者提供参考。

著　者

2022 年 6 月 16 日

目 录

第一章　"数字三农"场景：赋能乡村振兴

　　一、数字三农概述　/ 003

　　二、数字三农探索案例　/ 011

第二章　工业智能场景：助力"中国制造"

　　一、工业大数据与智能化　/ 037

　　二、云智一体的智慧工业系统　/ 047

　　三、工业数据智能典型案例　/ 060

第三章　智慧能源场景：为"双碳"战略贡献数字力量

　　一、"双碳"战略与综合能源建设　/ 086

　　二、数字化能源技术："基于数字孪生的清洁低碳智慧供热系统"　/ 091

　　三、数字化能源技术："基于数字孪生的工业园区智慧蒸汽系统"　/ 099

第四章　未来银行场景：强化科技赋能

一、银行数字化转型趋势洞察　/ 111

二、银行数字化转型的路径和建议　/ 115

三、银行数字化转型优秀实践案例　/ 123

第五章　数字文旅场景：构造"四位一体"浸入式体验

一、2030年未来旅行畅想　/ 134

二、文旅产业数字化现状　/ 138

三、未来旅游目的地数字化转型战略与路线　/ 141

四、未来旅游目的地数字化转型优秀实践案例　/ 161

第六章　智慧产业链场景：大数据驱动产业经济智能化运行

一、产业链数智化转型浪潮势不可挡　/ 177

二、产业链数智化转型面临的挑战　/ 186

三、基于认知计算的产业链决策智能系统（1+1+3）/ 189

四、产业链决策智能典型案例　/ 205

CHAPTER 1

第一章

"数字三农"场景：
赋能乡村振兴

数据正在推动农业农村领域包括技术、资本、劳动力、土地资源等在内的传统生产要素的深刻变革和优化重组，为产业数字化转型提供了广阔空间，为农产品加工业和产业融合注入了不竭的发展动力。

当今时代，以信息技术为核心的新一轮数字科技革命悄然孕育兴起。随着移动互联网、人工智能、区块链、云计算、大数据等新一代信息技术的变革，数字经济涉及的行业也由传统的信息产业延伸至工业、农业、服务业等其他非信息行业。人们逐渐意识到，"数字三农"建设蕴藏巨大的发展潜力，数字技术与农业的加速融合将会为推动农业产业高质量发展带来新机遇。

一、数字三农概述

党的十九大报告高度重视"三农"问题，强调农业、农村、农民问题是关系国计民生的根本性问题，必须始终把解决好"三农"问题作为全党工作的重中之重；要坚持农业农村优先发展，实施乡村振兴战略，全面推进农业农村现代化建设。近年来，我国数字经济发展势头良好，根据国家互联网信息办公室发布的《数字中国发展报告（2020 年）》，我国数字经济相关产业规模已达 41 万亿元，总量跃居世界第二。数字经济俨然已成为高质量发展的新动能，也是未来全球经济发展和合作的重要领域，这将为我国农业农村的跨越或发展带来前所未有的机遇。

（一）数字三农发展背景沿革

新中国成立伊始，我国经济发展战略的两大重点是加快实现农业现代化和迅速走上工业化道路。但由于资金短缺，考虑到工业的供给和需求具有足够的弹性，可以有效刺激和促进第二、三产业发展，从而推动整个国民经济的发展，而农产品作为生活必需品，相对缺乏供求弹性，农业在此方面略显不足，因此工业被确定为新中国成立之初经济发展战略的重点。在实际的工业化进程中，由于我国的特殊国情，工业化初期的原始积累难以从工业和城市获得，我国通过农业征税、农产品价格和工业品之间的"剪刀差"等方式抽取农业剩余，为工业化建设做好了原始资本积累的准备工作。伴随着改革开放，工业化和城市化进程加快，大量的生产要素从农村不断向外流出，各类人才流入城市，城市流动人口数量不断攀升。农业农村发展逐渐滞后，农业农村的发展越来越成为我国的发展短板，"三农"问题亟待解决。[①]

2005年，"建设社会主义新农村"的重大任务正式被提出，解决"三农"问题的重要性上升到了国家战略决策层面。建设社会主义新农村是解决"三农"问题的总抓手，党中央着力加大在"三农"方面的投入力度，"三农"问题得以暂时缓解，但仅仅以单纯的资金投入给"三农"问题"输血"并不能使其从根本上得到改善。最关键的是，如何找到农业农村的发展动力并激发农业农村的发展活力，对此逐渐崭露锋芒的数字经济给出了有效答案。2017年，习近平总书记在十九大报告中正式提出了乡村振兴战略，将解决"三农"问题正式确立为全党、全

---

① 刘嘉珉. 乡村振兴战略背景下解决"三农"问题的对策分析[J]. 南方农业，2021，15（12）：164−165.

社会、全国人民的共同目标。此后，数字经济也被写入国家"十四五"规划。

2021年4月，CNNIC（中国互联网络信息中心）发布的《中国数字经济发展白皮书（2021年）》显示，目前我国数字经济依然保持着蓬勃发展的良好态势。2020年，在新冠肺炎疫情和全球经济下行的压力下，数字经济增速仍是GDP增速的3倍有余，产业数字化整体规模达37.1亿元，占GDP比重的31.2%，占数字经济比重由2015年的73.4%提升至2020年的80.9%；农业数字经济渗透率为8.9%，同比增长了0.7个百分点。数字技术正在推动农业农村领域包括技术、资本、劳动力、土地资源等在内的传统生产要素发生深刻变革和优化重组，为产业数字化转型提供了广阔空间，为农产品加工业和产业融合注入了不竭的发展动力。

（二）"三农"数字化建设百花齐放

数字经济作为引领未来的新经济形态，是高质量发展的助推器。促进数字经济与农业发展深度融合，是加快实现农业现代化的有效举措，也是高质量推进农业供给侧结构性改革的有效抓手。在国家的大力号召下，各地政府积极响应并相继出台"数字三农"相关政策，多地先后积极展开具有地方特色的"三农"数字化探索（见图1-1）。截至2020年年末，浙江、北京、福建、广东、山东、吉林等14个地区先后成立省级大数据管理中心。除了政府政策支持以外，各地也涌现了一批"三农"服务型高新技术企业，浙江甲骨文超级码科技股份有限公司就是其中之一。乘着浙江省数字化改革的东风，凭借团队过硬的技术实力，依靠极具创新性的技术手段，浙江甲骨文超级码科技股份有限公司成功跻身行业前列。公司携手政府充分发挥本地区位、资源等优势，将数字化科技融入农业生产、农产品产供销、乡村治理等板块，促进周边地区"三农"建设与数字经济协同发展，为全国"数字三农"建设提供了成功经验。

图 1-1　浙江省"数字三农"协同应用平台

（图片来源：澎湃号　北京仲毅科技咨询有限公司）

世界数字经济看中国，中国数字经济看浙江。中国工业新闻网对"数字浙江"的建设进程做了详细的报道。2003 年 1 月，在浙江省十届人大一次会议上，时任省委书记的习近平同志以极具前瞻性的战略眼光提出要建设"数字浙江"。2003 年 7 月，"数字浙江"建设上升为"八八战略"的重要内容。同年，《数字浙江建设规划纲要（2003—2007 年）》出台，由此开启了"数字浙江"建设新征程。2017 年浙江提出实施数字经济"一号工程"、2018 年实施数字经济五年倍增计划，浙江已发展成为全国数字经济先行省，数字经济也成为推动浙江省经济高质量发展的一张"金名片"。2021 年，浙江省委书记袁家军在全省数字化改革第一次工作例会中明确指出，当前浙江省的重点任务是加快构建"1+5+2"工作体系，搭建好数字化改革"四梁八柱"，着力推动数字化改革早日取得突破性进展，全面提升人民群众的获得感、幸福感、安全感，努力将浙江省建成全国乃至全球的数字化变革高地。"1"即一体化智能化公共数据平台；"5"即五个综合应用，分别是党政机关整体智治综合应用、数字政府综合应用、数字经济综合应用、数字社会综合应用和数字法治综合应用，包含"产业大脑""城市大脑"等核心业务场景；"2"即两种体系，分别是数字化改革的理论体系和制度规范体系。其中，在"数字三农"方面，5 个综合应用之一的数字社会综合应用建设方案提出了"三农大脑——浙农码"的建设思想和目标。文件指出，在乡村服务方面，要推广应用"浙农码"，打造一批可复制、可推广的乡村振兴应用场景典范，并要求 2021 年全面推广应用"浙农码"，力争赋码量累计达 100 万次以上，基本实现乡村服务数字社会在线化。浙江通过建设全省统一的公共数据平台，运用"互联网+"等技术，有力地促进了政府部门高效协同、服务转型升级，引领了全社会数字化转型。

2021 年，农业农村部面向全社会公开征集数字农业农村新技术、新产品、新模式，最终确定了 205 项优秀案例。这些案例围绕党的十九大报告中实施乡村振兴战略总体要求的 20 字方针展开，针对"产业兴旺、生态宜居、乡风文明、治理有效、生活富裕"等方面进行了多方位的全局数字化探索。其中由浙江甲骨文超级码科技股份有限公司自主开发的"浙农码"，凭借首创"数字三农大脑"的概念，在关键数据沉淀、信息归集和统一接入三个层次进行创新，成功入选农业农村部优秀案例。这些在农村信息化中涌现出来的具有较高技术创新水平及良好推广应用价值、符合新发展理念的新技术、新产品、新模式，通过整体规划设计、制度机制创新、技术融合应用、发展环境营造等环节为全国其他地区的"数字三农"建设提供了宝贵的经验和一批可复制、可推广的做法，为全面推进乡村振兴、促进共同富裕奠定了良好的基础。

技术与"三农"的有效融合缩小了城乡之间的数字鸿沟，加快了农业农村发展现代化的脚步，通过广泛采用"数字三农"现有技术和应用相应问题的解决方案，对农业生产生活进行精准管理，可让农业实现"环境影响可测、生产过程可控、产品质量可溯"的目标，有效推动农业供给侧结构性改革、优化农业生产结构和产业布局、提升产业发展水平、提高农业能级和效率，从而推进实现碳达峰、碳中和的目标，真正达到农业强、农村美、农民富。

（三）数字三农解决方案概述

"三农"，指的是农业、农村、农民。数字三农解决方案，是以"三农"业务为导向，对现有技术进行有机整合，使得数字要素价值化，为"三农"业务有效赋能，进而为当前社会存在的农业农村农民问题服务，助力实现农业高质高效、乡村宜居宜业、农民富裕富足。

数字三农解决方案面向的对象往往是具有一定规模的区域，可以是一个省、一个市，也可以是一个县、一个镇，它不仅涉及乡村治理、产业数字化、行业监管等多种业务场景；从用户角度来说，还包括农民、农企、农业农村局等多样的角色，所以数字三农解决方案是一个较为复杂的技术综合体。整体方案如图1-2所示，自底向上分六个层次。

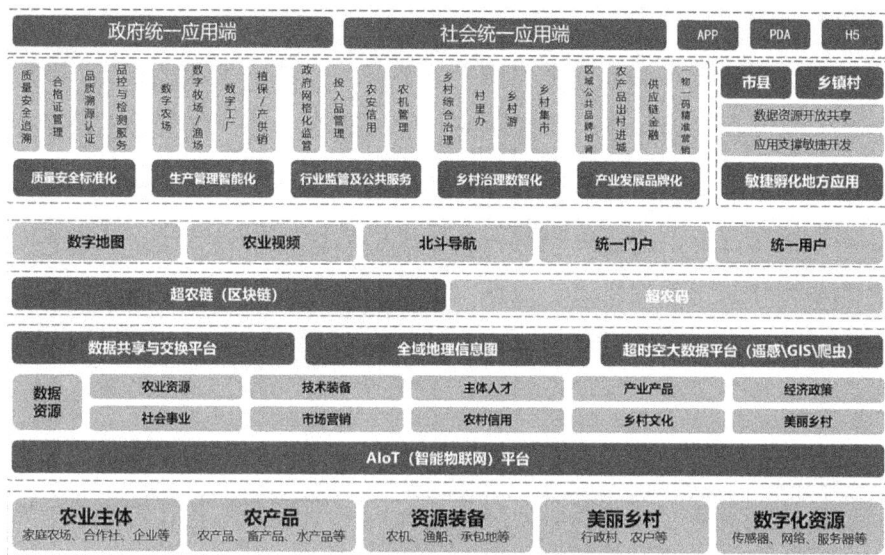

图 1-2　数字三农解决方案示意图

● **乡村基础资源层。**乡村基础资源既包括农业主体、农产品、资源装备、美丽乡村等四大类乡村要素，还包括乡村已有的数字化资源，各类电子设备如摄像头、传感器、网络、服务器等。

● **大数据中心层。**通过智能物联网（AIoT）平台接入乡村基础资源并将其汇总到数据仓后，重新梳理成农业资源、技术装备、主体人才、产业产品、经济政策、社会事业、市场营销、农村信用、乡村文化、美丽乡村等十大主题数据库，沉淀为数据资源。在此基础上，叠加全域地理信息地图、超时空大数据平台（采用遥感、GIS、爬虫等方面应用），再通过数据共享与交换平台，将数据资源转化为业务能力进行输出，通过数据和平台的价值为数字三农解决方案赋能。

● **一链一码层。**

超农链，利用区块链技术，提供可信数据服务。

超农码，管理三农数字身份，助力数据共享、业务协同。

● 应用支撑层。包括数字地图、农业视频服务、北斗导航、统一门户、统一用户等。农业具有非常强的动态性、地域性和季节性，因此导航和数字地图是不可或缺的。比如对农机进行资源调度需要查看需求地区的地理条件和作物种植区域的分布，无人机喷洒农药需要地图和精准定位，防止越界喷药，造成不必要的药物浪费、对其他作物的伤害和对土壤的污染。此外，农业保险、贷款等也和海拔、温湿度密切相关，对此类因素的影响进行测定更离不开数字地图等应用的支撑。

● 应用体系层。面向质量安全标准化、生产管理智能化、行业监管及公共服务、产业发展品牌化、乡村治理数字化等五大体系，提供农产品质量安全追溯管理平台、合格证管理平台、数字农场平台、数字牧场平台、农机管理平台、乡村治理综合管理平台、精准营销平台等多种应用和服务平台。此外，还可利用底层的应用支撑工具和大数据能力敏捷地孵化其他应用，以灵活解决"三农"领域的各类业务问题。

● 端口层。这些应用的统一出口，主要分为政府应用端和社会应用端。主要的输出形式表现为 APP、PDA、H5 等。

整个解决方案大而全，涉及层次多，触达范围广，目标为尽量解决在"三农"领域可能遇到的各类问题，但在实际落地过程中，需要特别注意以下几个要点。

筛选与组合应用。"数字三农"是个很宽泛的概念，但在实际应用中，已经逐渐聚焦在两个领域，第一个是乡村数字化治理，第二个是产业数字化。两者在解决方案中的区别主要在于应用体系层面。乡村数字化治理以乡村治理数字化为主，以生产管理智能化为辅，致力于提升乡村治理的数字化水平，协同推进数字乡村建设；而产业数字化则以生产管理智能化为主，旨在促进数字化与种植业、畜牧业、水产养殖业的深度融合应用，兼顾一些治理领域的应用。此处想要说明的是，不同的领域，在解决方案内的底层架构基本是一致的，都由大数据中心、应用支撑等部分构成。其不同之处主要是应用的对象和使用的用途，需要根据不同领域的具体目标，对应用进行相应的筛选与组合，以及必要的个性化定制开发。

统一端口。解决方案是为执行层面服务的，它的最上层有一个端口层，其中最主要的应用端口有两个，一是政府统一应用端，二是社会统一应用端。以浙江省为例，这两个应用端口分别被叫作浙政钉和浙里办（一款基于浙江政务服务网一体化平台能力的 APP）。长期以来，三农领域的数字化建设不仅碎片化，而且是重复化的，省级、市级、县级这样不同行政级别的数字化建设存在不互联、不互通的情况，同一类应用，可能在不同的地区重复建设，这无疑是一种低效建设，也是一种资源浪费。统一端口的出现，能够有效地对这些应用进行统筹与整合，改善配置资源情况、促进办事效率的提升。

统一的"超农码"。如果说端口的统一是应用外在的整合，是"形"上的整合，那么"超农码"便是应用内在的整合，是"神"上的整合。关于这点，将在本章第二节的第三部分做详细说明。

二、数字三农探索案例

乡村振兴战略作为新时代"三农"工作的总抓手，是关系全面建设社会主义现代化国家的全局性、历史性任务。在推动乡村振兴的进程中，发展数字经济既是乡村振兴的重要战略方向，也是建设数字中国的主要内容。"三农"数字化，为我国乡村振兴战略的顺利实施注入了新的能量。国家、地方政策相继出台后，各地围绕"产业兴旺、生态宜居、乡风文明、治理有效、生活富裕"的发展总要求，充分发挥本地区位、资源等优势，涌现出了一批"三农"数字化探索的优秀案例。以浙江省为例，自2022年年初全省数字化改革推进以来，各地各部门聚焦"1+5+2"跑道，不断深化认识，相互借鉴、创新探索，形成了势如破竹、多点开花的良好态势。全省农业农村系统贯彻落实"最多跑一次"改革、数字浙江建设等决策部署，将"数字三农"摆在更加突出的位置。短短半年时间，数字化改革已经涌现了一批彰显浙江辨识度、具有全国影响力的应用成果、理论成果和制度成果。具体特点表现为县域数字农业农村发展领跑全国，农村信息基础设施稳步提升，农业生产数字化提速扩围，农产品电商发展势头强劲，乡村治理迈向"整体智治"，基层信息服务"结网连片"。乡村治理与人民生活、社会发展息息相关，其重要性不言而喻。推进乡村治理数字化是乡村振兴的重要任务，数字化乡村治理也能为乡村振兴、共同富裕的实现提供良好保障。

（一）乡村治理数字化案例——指南村

乡村治理是国家治理体系的重要组成部分，是治理体系中最基本的治理单元，也是数字化建设中的重点板块。在杭州市临安区太湖源镇指南村，当地政府知机识变，围绕《数字乡村发展战略纲要》的要求，以持续深化美丽乡村建设为抓手，推进乡村治理能力现代化、深化信息惠民服务、激发乡村振兴内生动力（见图1-3）。

图1-3 临安区太湖源镇指南村数字乡村数据中心展示

如何让村民在农村"待得住"，过上丰衣足食、安居乐业的幸福生活？探索如何将指南村的秀美山水与实现农业兴、农民富、农村美的发展目标相结合的发展之路成为重头戏。要探寻这条道路并实现这个目标，政府的大力支持必不可少，支撑项目落地实施的关键技术同样也不可或缺。为此，当地政府联合浙江甲骨文超级码科技股份有限公司共同落实指南村的乡村治理数字化相关工作，政企携手让指南村得以搭乘上乡村治理数字化的快车。

浙江甲骨文超级码科技股份有限公司十多年来一直于数字三农领域深耕，形成了一套成熟的数字三农解决方案体系。与此同时，该公司不断挖掘专业人才，储备了一支由200多名具有多年相关领域研发经验的技术人员组成的结构合理、专业齐全的科研团队。充足的人才储备、宝贵的钻研精神，以及一定的研究成果，给数字三农的探索奠定了技术基础，助力乡村数字化治理。

通过将大数据技术运用到乡村管理领域，借助浙江甲骨文超级码科技股份有限公司创新区块链＋"一物一码、一户一码、一村一码"到村到户的乡村管理数字化模式，指南村正式开展了基于一户一码的乡村数字化治理试点工作。在试点过程中，指南村完成了村级数字乡村数据驾驶舱与数字化平台的建设，实现了乡村治理和公共服务数字化，并将数字乡村与城市大脑协同融合，实现业务流程协调与数据互联共享，使指南村乡村工作能够做到数字化、具体化、可视化和动态化管理，提升了当地居民与外来游客的"获得感、幸福感、满足感"。

1. 数字乡村一张图精准管理

为了加快"数字乡村"建设进程，指南村依托地理信息、无人机、遥感等技术绘制高清电子地图，叠加指南村人、房、地、物、事各类乡村资源数据，将酒店民宿、农家乐、采摘基地、娱乐设施、停车场、旅游景点等乡村产业资源信息进行有机融合，构建乡村一张图，给乡村安装"智慧大脑"。结合"一户一码"构建数字管理服务平台，将每户对应的宅基地信息、土地信息、产品与产业信息进行采集与关联，实现乡村资源和资产数字化。通过信息化管理200多户乡民的各类农产品，16个特色民宿，66个农家乐，以数字分析获取真实、准确、实时的家庭收入信息，对农旅收入、旅客流量等做到精准把握。实现因人而异、因地制宜的差异化、特色化的旅游业与农业发展目标，促进乡村整体农旅产业和谐发展。通过一张乡村全域高清地图，管理人员、村民、游客等用户可以查看乡村"吃、喝、玩、乐"等信息。乡村一张图助力打造乡村宣传的"重要窗口"，能在无形之中为乡村吸引更多流量，促进乡村产业发展，赋能乡村振兴。

2. 数字乡村一户一码新基建

指南村以区块链技术为支撑完成"一户一码"新基建，全面推行

"一户一码"赋码，定期进行更新维护，精准管理农户的综合基础信息，通过区块链技术和H5技术建档立卡，生成独一无二的村户二维码，全面集成农户的家庭信息、土地信息、宅基地信息、果园、农家乐、民宿、"非遗"传承等特色信息，全方位绘制农户的立体画像。对村户信息进行区块链存证，使村户信息真实、不可篡改，并且统一发放制作标准化数字门牌，真正做到"一户一码"实景呈现。门牌可根据不同权限的扫码者，呈现不同的信息，防止泄露村民的个人信息，实现村民数据可查、可追、可究。以此实现乡村资产和资源数字化，并基于区块链技术，建立数据安全机制，保障信息与数据安全。

3. 数字乡村村务管理透明化

针对村务公开渠道少、公开流程不够完全透明、通知不及时、提醒不到位、时效性差、缺少反馈渠道等问题，指南村通过构建阳光村务业务应用，对本村村务管理进行数字化提升，实现村务通知、三资公开、村情民意反馈、村务审批流程跟踪等方面的信息化管理，将现有村务信息单向公开发布的情形转变为双向互动、双向反馈，有效解决了指南村村务发布形式单一、时效性差、缺少反馈渠道、村务处理方式不够与时俱进、村民满意度低等问题。

4. 数字乡村党建党务智慧化

指南村以往的党建活动多以线下组织为主，且参与人员多以党员为主。党建活动发布不及时、参与范围有限、通知不到位、党建活动管理方式传统、效果难以评估等是当下遇到的突出问题。借助数字乡村平台的建设，党组织完善了数字党建应用，将传统线下组织的党建活动相关流程进行数字化改造，有效改善了相关问题。借助各类数字化党建网站或是 APP 应用，指南村将党建引领融入乡村日常管理，提升村民参与感、成就感和主人翁意识，将党务工作更好地融入社会实践中去。

5. 数字乡村特殊人群动态监管

指南村基于"一户一码"数字化应用，针对村内特困人员、残疾人员、孤寡老人以及居住在本村的流动人口等特殊人群，完善开发特殊人群数字化管理应用系统。结合乡村一张图，村内工作人员通过系统可以快速精准匹配到需要服务的对象，实现特殊人群的动态管理。尤其是对村内的孤寡或空巢老人，建立智能化的关怀机制，对孤寡或空巢老人的健康状态、起居记录进行自动化智能化的监测预警，以人民为本，为人民服务，提升村民满意度与幸福感。

指南村通过"一村一码"将数字乡村体系融入村庄综合治理工作，推动村务、党务、财务、项目等在线公开，推进乡村数字化治理，深化"互联网＋政务"服务、"互联网＋党建"建设，促进农业行政审批制度改革、农业农村信息化建设和数字化管理深化发展，不断提升可持续发展能力和乡村治理效能，推动乡村治理能力建设取得长足进展。

（二）农业产业数字化案例

1. 智慧种植案例——安吉白茶产业大脑

湖州市安吉县是中国白茶之乡，也是"绿水青山就是金山银山"理念的发源地。自被浙江省农业农村厅确定为省数字乡村试点示范县以来，安吉县牢牢把握乡村振兴产业发展示范建设要求，以"绿水青山就是金山银山"理念为指引，以"绿水青山"生态资源为本底，通过安吉龙头产业安吉白茶带动全县特色农业产业发展，形成以数字化引领的县域现代绿色农业产业体系。

此前，安吉白茶产业虽发展态势良好，但仍存在诸多问题，如没有形成数据链和数据闭环、茶园的数字化智能化基础设施建设不够先进、新技术推广应用程度不高、尚未建立相关标准体系、白茶品质差别明显、数字化营销发展存在短板等。

为了突破安吉白茶产业发展的瓶颈，安吉县政府携手浙江甲骨文超级码科技股份有限公司，结合安吉白茶茶叶特色优势，以笔架山农业高新技术产业园区作为实施"省级乡村振兴产业发展示范建设"的核心区域，建设"区块链＋安吉白茶农业大脑"数字化管理云平台，打造基于区块链产业数字化的数字乡村建设新高地，加快推进安吉农业数字化转型，通过全产业链数字化实现"从农田到餐桌"的无缝对接，为全国农业生产数字化、标准化、标识化、身份化提供浙江样板。

（1）"产业大脑＋产业地图＋未来工厂"数字乡村综合应用场景

平台以 GIS 技术为基础，集成安吉白茶全产业链大数据，构建了产业分布总览一张图、产业监管一张图、投入品管理一张图、气象监测一张图，通过管理驾驶舱进行大数据展示，使茶产业大数据在种植阶段、生产加工阶段、流通阶段、消费阶段都可以进行管理分析，展示各关键节点核心数据，辅助管理者做决策；并通过对多维度的数据进行挖掘与处理、运算与分析，对可能发生的风险危害情况进行预警，包括减产、滞销、价格波动、品质下降、用工或其他成本增加、气象、地质灾害、病虫害、投入品、产能、金融等各种风险状况的预警，建立了白茶数字化管理体系，打造出茶叶总量可控制、来源可查询、质量可追溯的闭环式管理模式。

（2）完善标准体系，推动制度重塑，建立标准化生产基地

安吉白茶产业大脑紧紧围绕生产管理、流通营销、行业监管、公共服务、乡村治理五大领域，建设物联网设备设施，建立了包括数字化管理、预警等数字化新标准体系，集数据采集、分析、预警、展示、应用为一体的循环体系。基于精准茶园确权信息，对原有茶园证、防伪标贴申领等业务进行重构再造，制定防伪标贴管理办法、安吉白茶管理办法。制定安吉白茶绿色原料标准化生产基地模式，基于植物病虫草害大数据、深度学习等人工智能技术，开发人工智能植物保护平台，为生产人员提供农作物病虫草害在线诊断服务，定期发送安吉白茶种植指导意见，精准识别病虫草害病理类型特征与缺素型特征，并给出专业的防治或补充营养元素方案；规范了农业投入品的使用，最大化避免因施药过量与无效施药造成的农产品质量安全问题与生态环境污染；同时，开展测土配方施肥、有机肥替代工程等工作。

（3）"满天星"区块链为白茶品质背书

为保证茶叶品质、守护安吉白茶茶叶品牌，建立安吉白茶全流程溯源体系势在必行。浙江甲骨文超级码科技股份有限公司利用自主研发的"满天星"区块链为安吉白茶产业打造了国内首个茶产业区块链联盟，整合白茶从种植、生产到仓储、流通所有环节的各种信息并将其写入区块链，区块链的"防篡改"和"可追溯"等特点，有效保障了整个产业的数据真实性、安全性、共享性，为构建安吉白茶高质量发展的数字化体系打下坚实的基础。

遥感、云计算、大数据、区块链等数字技术应用从生产、经营、管理、服务全方面优化乃至重塑了安吉白茶产业组织结构，打造了新的商业模式与业态，提高了安吉白茶产业经济运行效率。通过优化产业资源配置，精准把握安吉白茶产业发展内部规律，减少资源浪费，降低机会

成本与交易成本，提高安吉白茶产业产品附加价值，极大提升全产业链的经济效益，进而提高产业发展质量和综合效益（见图1-4）。

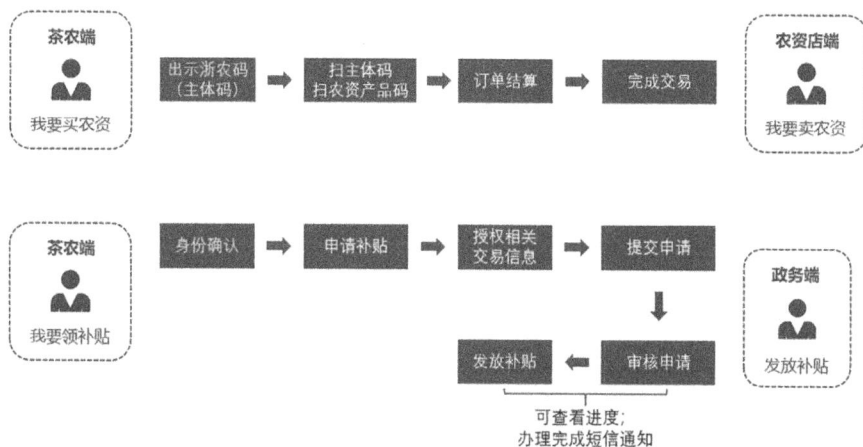

图1-4　安吉白茶与"浙农码"数字化应用的结合展示

随着安吉白茶正式对接"浙农码"，安吉白茶全产业链数字化应用和安吉白茶产业大脑的建设日趋完善，安吉白茶产业高质高效发展，产业兴旺、共同富裕的最终目的终将实现。而安吉也为全省乃至全国范围内有志于以产业带动乡村振兴的地区提供了浙江样板，为乡村振兴提供了新思路，为共同富裕做出了新贡献，为社会主义现代化强国建设汇聚起磅礴力量。

2. 智慧养殖案例——浙江东阳生猪全产业链数字化建设

东阳的生猪产业历史悠久，其独有的东阳"两头乌"猪（又叫金华猪）是我国国宝级猪种之一，金华火腿的制作工艺也已被列入国家级非物质文化遗产名录。因此，东阳生猪产业链基础条件扎实，产品美誉度高，增值空间潜力大。2020年，东阳市以入选浙江省年度省级乡村振兴产业发展示范建设县为契机，联合浙江甲骨文超级码科技股份有限公司，在东阳市全市域范围推行生猪产业数字化建设，涉及东阳市域范围内生猪产业的数字化繁育、养殖、加工、销售等全产业链发展（见图1-5）。

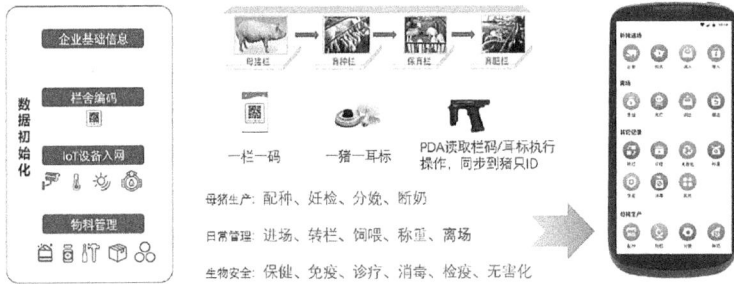

图1-5　东阳生猪产业与"浙农码"数字化应用的结合展示

　　浙江东阳生猪全产业链数字化建设主要通过无线射频识别（RFID）、二维码等不同信息传递载体和技术，采集、记录、传输每个流通节点的信息，将各经营节点的信息相关联，形成完整的肉类流通信息链条。从选种、育种开始，浙江甲骨文超级码科技股份有限公司打造的智慧养殖平台通过智能合约把每只小猪的生长及屠宰全过程信息记录在"满天星"区块链分布式账本中，通过一猪一耳标、一栏舍一生命周期码、屠宰加工全流程监测、大数据分析等一站式解决方案，打造了新一代生猪生态链。依托物联网、移动互联网、大数据、人工智能等技术，构建集生猪智慧化养殖、健康状态测控、整猪到猪肉的信息跟踪于一体的数字化管理平台，向生猪产业链上各企业提供综合性数字化管理服务（见图1-6）。通过全链路数字化管理系统，将养殖、屠宰、加工、流通等环节的数据进行整合，结合区块链技术的应用，实现养殖全生态链成为绿色、可溯、可持续的生态链，包括资源整合、数据分析、风险调控、生产经营调整等方面在内的各环节效率、准确性、实用性得到有效提升。

图 1-6　智慧养殖综合管理平台

东阳市生猪全产业链数字化平台的搭建，推动了生猪全产业链的数字化转型升级，对产业链上下游实现了精细化管理。通过生猪产业发展示范建设，优化东阳生猪产业布局，提升数字化水平，增强科技创新和公共服务能力，推进生猪规模生产、加工转化和品牌营销协调、融合发展，着力构建布局合理、用地合规、生产高效、绿色安全、资源节约、环境友好、产销协调的生猪产业新格局。同时，逐步推动农村电商、数字农业、创意农业等新兴业态普及，提升产品附加值，进一步增加农民收入，实现了"三生"有机融合和"三农"统筹发展。

3. 智慧渔业案例——稻虾、远洋捕捞

谈到智慧渔业，人们可能会联想到渔业养殖技术方面的创新。事实上，智慧渔业的概念非常广泛，它是指结合现代养殖技术、装备技术和信息技术，以物联网、人工智能等现代信息技术为基础，以数据

为核心，以智能检测与感知控制的先进传感设施设备为载体，以精准化养殖、可视化管理、智能化决策、全流程溯源为手段的渔业数字化的转型升级。

（1）稻虾产业全产业链数字化

中国是水产养殖大国，然而相对传统的日常管理模式制约了产业发展。针对此问题，江苏微山湖畔的沛县湖西农场进行了智慧渔业初步探索，以智能化、自动化、集约化、可持续发展为目标，建立了包括湖西农场稻虾产业数字化监管平台、田美韩楼智慧旅游平台、农产品质量安全追溯系统、智慧旅游小程序、大数据可视化展示中心在内的渔业数字化应用，从政府和企业两个层面支撑沛县稻虾产业全产业链数字化、信息化、智能化建设，基于产品追溯、智慧农旅、政府监管形成产业闭环。目前湖西农场也在进行下一步尝试，相信未来的水产养殖会比传统的水产养殖更方便、更高效。

（2）玉环海捕流程全追踪

我国东部临海，大陆海岸线长达1.8万多千米，随着我国近海渔业资源持续衰减，远洋渔业在近海渔业资源与捕捞力量难以平衡、渔获与需求差异日益扩大的背景之下兴起。为了有效提升海产品的质量和价值，缩短海产品在流通环节上的时间，保障消费者安全，台州玉环市以提升远洋渔业的综合效益和竞争力为目标，完善远洋渔业发展政策，在远洋渔业现有发展基础上，充分运用航天卫星技术和物联网大数据，建立了玉环海捕水产品追溯系统，将海产品捕捞、收购、加工、运输、包装、入库等全流程信息写入满天星区块链分布式账本中，清晰地追踪渔获从捕获到销售的整个过程，从而加快远洋渔业专业化、现代化、规范化进程，努力打造集捕捞、回运、精深加工等于一体的远洋渔业全产业发展链条（见图1-7）。

图1-7 玉环市海捕水产品可追溯信息化平台展示

4. 产业数字化其他案例

（1）数字化打造精品农业，"四季仙果"香溢上虞

绍兴上虞是著名的水果之乡，春有草莓、樱桃，夏有杨梅、葡萄，秋有黄花梨、水蜜桃，冬有板栗、猕猴桃，一年四季产品不断。为充分扩大"四季鲜果之旅"品牌为上虞带来的发展优势，进一步推动农业产业结构优化、促进一、二、三产业融合发展，实现农业农村全域数字化发展，上虞以实施乡村振兴战略为统领，以"数字产业化、产业数字化"为发展主线，进行整体数字化建设。

上虞重点围绕区级数字农业云平台、生产管理数字化应用、产品营销数字化应用三大建设方向，以"打造智慧农业样板基地、完善农村电商系统、打响四季仙果品牌体系"为目标，借助互联网、物联网汇集信息数据、打破信息孤岛，利用大数据分析等手段帮助实现可视化管理、智能化决策分析，再通过大数据平台，扩大服务范围，转变农业生产、管理、服务方式，形成了数字农业新业态。通过数字化改造，上虞地区建立了全新的产业链体系，实现了四季仙果产业转型升级和一、二、三产业的全面融合发展，将上虞建设成为浙江省数字精品农业领域新高地。

（2）现代农业产业园数字化加持，盐都草莓、润达西瓜探路"出海"

农户们躺在家里吹着空调，只需在手机上轻轻点击，足不出户就能控制园区内的水阀、排风机、卷帘机等设备，还可以直观地在地图上查看基地所有大棚的区域分布和编码，以及各个大棚的适种品种、预估产量；借助物联网传感器、视频监控等设备对园区内生产过程进行监测及预警等（见图1-8）。这一系列应用背后，离不开数字化改造的加持，体现了各地现代农业产业园的建设成效。

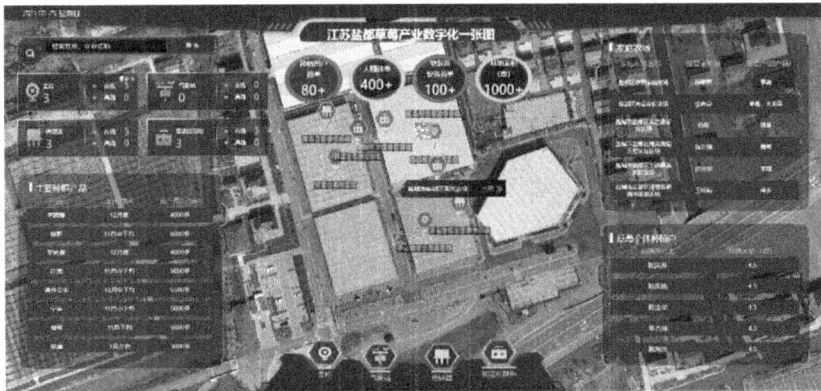

图1-8　江苏盐都草莓产业数字化

近年来，盐都区大力实施草莓提质增效工程，加快推广农业物联网、智能温室栽培、高架无土栽培、水肥一体化等新技术、新装备、新模式，实现集约化生产经营。在草莓产业园内，农户打开手机端智能生产平台，就能查看大棚中的实时光照、空气、温湿度等环境数据，一旦相关环境数据超出预警值，环境设备自动化控制系统将利用预先设定好的阈值有针对性地采取行动。对风机、湿帘、卷膜机、电磁阀、遮阳帘等环境设备和生产设备进行远程自动化控制，改善生产环境，使大棚内部的各项环境指标数据稳定在草莓适宜生长的范围内。盐都草莓园区的产业数字化建设利用移动互联网、物联网、区块链、大数据、云计算、GIS、人工智能等数字化技术，实现业务与数据的协同共享，进一步优化提升了园区生产经营与技术服务水平，全面实现园区资源、资产管理、生产管理、运营指挥和公共服务的数字化。

海南陵水现代农业示范基地在环境采集、环境控制、水肥一体化等方面已经达到了很高的现代化水平，但由于园区的各类生产管理设备无法进行平台化的统一管理，也未建立生产过程管理及销售管理信息化系统，造成园区设施设备先进、信息化管理水平落后的局面。之后基地与浙江甲骨文超级码科技股份有限公司达成合作，由公司专业技术团队操刀，对现有的设施设备进行对接或技术升级，秉承"一张图看到底、一张图管到底、一张图操作到底、一张图分析到底"的理念，利用物联网、大数据、人工智能等先进的信息技术手段，实现数据和业务的高度集成和共享，为农业生产主体提供信息化的生产管理手段，完成了园区综合管理数字化转型，并通过开发配套的生产过程管理与销售管理信息化系统，提升园区产、储、运、供、销全产业链的信息化管理水平（见图1-9），节省了劳作时间，提高了劳动效率，激发了乡民们的劳作热情，帮助乡民们从"有事可做"转变为"提升效率做要事、做大事"，从单纯地"忙起来"转变为"富起来、腰杆子挺起来"。数字化改革助力我国乡村发展和共同富裕的实现，使得劳动人民的幸福感、获得感得到切实提升。

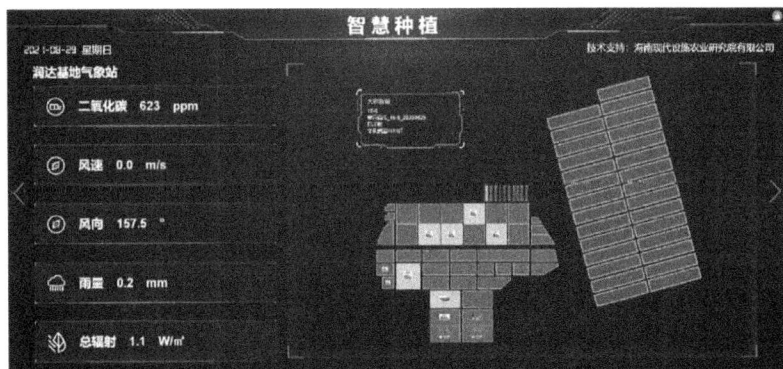

图 1-9　海南智慧种植系统展示

（三）数字三农综合应用案例——浙农码

一场前所未有的"数字革命"，正在重塑浙江的乡村。"浙农码"以建设农业农村领域统一数据服务入口、实现精准数据管理为目标，以二维码、NFC、RFID 等为标识载体，从各涉农部门、业务应用汇聚主体对象信息，根据业务管理和服务形成数字化标识，为农业主体、农产品、资源装备和美丽乡村等服务对象统一赋码。它打破了"数据孤岛"的局限性，将不同农业信息系统中的数据进行统一和归集。根据《浙江省数字化改革总体方案》要求，2021 年全面推广应用"浙农码"，力争赋码量累计达 100 万次以上（见图 1-10）。截至 2021 年 8 月，"浙农码"已累计发码 1131231 个，其中农业主体赋码量为 113272；农产品赋码量281741；资源装备赋码量为 1815；美丽乡村赋码量 718067。后续将逐步覆盖全省农业农村所有农业主体、农产品、资源装备、美丽乡村四大类要素，从而实现关键数据沉淀与数据融合（见图 1-11）。

图1-10 "浙农码"总赋码量及用码情况展示

图1-11 "浙农码"的应用场景及赋码类型的占比

1. 应运而生的浙农码

超级码管理万物数字身份，助力数据共享、业务协同、万物互联。超级码在三农领域的应用被称为"超农码"。超农码是一个产品的概念，在不同的地区有不同的叫法，在浙江，超农码就叫作"浙农码"。

在信息化向数字化转型的过程中，各地均面临已建设的各个系统之间相互独立、数据不联通、数据标准不统一、大数据分析受限等问题，浙江的数字农业农村信息平台项目也不可避免地遇到类似难点。可以说，信息系统为农业农村工作带来便利的同时也衍生出新的问题。而且，目前农业农村业务入口大多为扫码进入，而全省有各种各样的农业农村码，这些码在展现方式、码制、数据内容等方面不统一，缺乏公信力，降低了公众的扫码意愿，同时缺乏对信息的统一保护和信息共享的监督，加大了信息安全风险防范和信息监管的难度，因此建立一个集农业生产主体、农产品资源装备、乡村管理于一体的大数据集成平台迫在眉睫。

在浙江省农业农村大数据中心的指导下，浙江甲骨文超级码科技股份有限公司自主研发了"浙农码"。"浙农码"以二维码、NFC、RFID等为标识载体，通过数字孪生方式，为全省涉农的人、物、组织建立统一的数字身份，为万物互联提供身份保障；同时与各类平台灵活对接，针对不同场景系统提供统一的对接方案，在不影响原业务系统使用的同时，又可通过"浙农码"进行信息系统的数据融合和功能融合，从而达到"一站式""一对一"的信息聚合和功能服务，进而达到只需一个"浙农码"，就能实现农业农村事务的"码上"查询、监管、服务、营销等功能的效果。

从微观层面来说，"浙农码"为农业主体提供了专业产业指导、生产决策、营销建议等，为基层管理提供现代化的工具，辅助其实现精细化管理的目标；从宏观层面来说，"浙农码"打通了农业农村领域信息壁垒，为完善农业数字化改造和提升乡村管理能力提供了有力支撑。

2. 浙里乡村，码上文章

"浙农码"以扫码互动的方式实现码上查询、码上直办、码上营销、码上监管、码上服务、码上融资、码上信用等功能（见图1-12）。

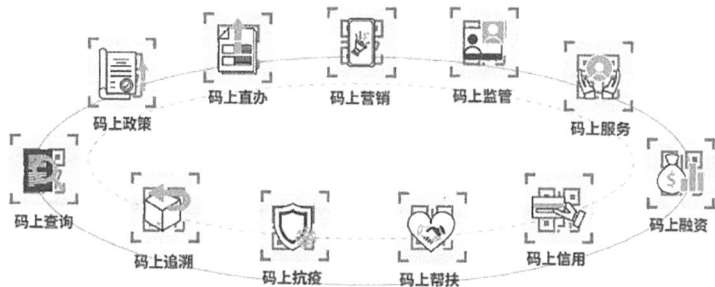

图 1-12 "浙农码"可实现的功能

（1）码上查询

农业主体在办事过程中通常需要出具各类材料及资质证明。"码上查询"功能汇聚农业主体对象相关数据，实现"码"上快速查询主体情况，包括基本信息、生产信息、产品信息、信用信息和工商经营信息等，同时获取主体证照、证明和资质等信息，减少农业主体办事过程中需要提供的各类材料，有效节约时间，提升办事效率。

（2）码上政策

国家政策变化快、涉及范围广，农业主体由于各式各样的原因，可能无法及时掌握各类信息和政策变化。"码上政策"通过农业主体对象的数字化标签，将其与惠农政策进行双向匹配，实现惠农政策的精准直达、网上阅览和在线咨询。

（3）码上直办

数据共享的目的是业务协同，"浙农码"还对接了浙里办 APP。通过"码上直办"功能，农业主体既可在线办理农业农村行政主管部门事项，也可以办理税务、社保、工商等其他部门的事项。根据农业生产需求，"浙农码"还将逐步增加农业保险、理赔、龙头企业申报、农机购置补贴和渔船油补申领等功能。

（4）码上监管

他山之石，可以攻玉。新冠肺炎疫情以来，"健康码"对社会的监管取得了良好的成效，这对"浙农码"的完善提供了新的思路。"浙农码"通过统一 UI 设计的规范二维码，对接种植业、畜牧业、渔业等生产主体，根据生产经营需要和赋色规则，对主体浙农码进行自动赋色，实现实时监管。

（5）码上营销

"浙农码"支持对接第三方电商，农业主体可以实时发布农产品销售信息，开展网络营销，同时通过质量追溯，开展农产品的生产作业记录，发布自检和抽检结果信息、食用农产品合格证信息等。

（6）码上服务

"浙农码"集成涉农领域数字化应用场景，加强各涉农服务应用的互联互通、数据的集成共享，建立多业务系统协同机制，推动政府服务、社会服务和主体服务协同；设立问题反馈功能模块，形成诉求快速提交、后台及时受理、部门限时答复、企业满意度评价的工作机制。

（7）码上融资

农村金融生态环境滞后，部分农民金融意识淡薄，"码上融资"功能打通金融综合服务数据通道，优化农业主体评估和信贷流程，提升服务精准度，连接银行、保险公司，通过对农业主体的大数据分析和人工智能技术，为农业经营主体提供金融贷款和保险服务。

（8）码上信用

"浙农码"采用试点信用积分模式，对接企业服务、企业信用数据信息等，结合主体生产活动建立积分制度，实现信用激励作用，对信用高的主体，在工作中给予相应激励，形成信用机制。

3. "浙农码"，应用内在的整合

上文提到"浙农码"是主体对象身份的整合，是数据的整合，是业务逻辑的整合，是业务内在的"神"的整合。那为什么又说"浙农码"是应用内在的整合呢？

"三农"领域信息纷繁复杂，缺乏打通数据、组织协同的关联手段。通过"浙农码"的功能，我们不难看出，其作为数据归集和决策分析的平台，主要通过对各业务系统进行数据融合和功能融合，促进信息资源共建共享、互联互通；依托数据资源和信息技术的集成应用，构建数字化综合应用场景；通过促进行业精准管理和精准服务，加速推进农业生产精准化、智能化和高效化。

首先，"浙农码"是一个体现"三农"数字身份的管理平台。"三农"领域涉及的范围非常之广：有人，比如农民；有组织，比如农村、合作社、新型经营主体；更有举不胜举的物，比如农机、渔船、投入品、农产品、农作物等。这种复杂性，是其他领域的数字化建设所没有的。"浙农码"通过给所有的主体对象赋码的形式，首先掌握了这些主体对象的基本信息，将其统一纳入了管理范畴。

其次，"浙农码"是应用的入口和数据持续更新的渠道。统一发码之后，"浙农码"便进入了第二步应用的对接。在浙江，所有"三农"领域都要求与"浙农码"进行对接，涉及的主体对象都必须使用"浙农码"

所提供的码。这样便很容易地串联起这个码上的多个应用，成为应用的统一入口。不仅如此，"浙农码"还可以基于这些码的应用数据，掌握主体对象的动态数据。

"浙农码"在安吉白茶上实现了"码"上追溯、分析和联通。

"码"上追溯，品质可背书。产品入市均需要申请"浙农码"，手机扫码即可获知产品信息、品质追溯、基地信息、智能监测等信息，实现品牌和展示信息的可控管理，为产品品质提供背书。

"码"上分析，预警保效益。安吉白茶核心生产基地安装环境监测站，配置全景可视化视频监控、水肥一体化智能灌溉、农产品质量监测等智能管理装备，能实时传输生产、加工等数据信息至"浙农码"数据中心，帮助茶农做出科学的风险分析预警，最大限度减少成本和损失，保证茶农的收益。

"码"上联通，链接数据仓。将不同系统中涉及安吉白茶的经营主体信息、生产要素信息、烘干加工信息等三大类要素信息数据统一赋码，可形成"浙农码"安吉白茶全产业链大数据仓，实现安吉白茶的点、线、面、体多维度数据分析，有效指导产业发展和管理。

"浙农码"让安吉白茶实现了从"茶园到茶杯"的全过程信息数据互联互通，通过全产业链数字化，安吉白茶价格比普通白茶高100元/斤左右，全县白茶产值也由上一年的27.59亿元增加至31.13亿元，品牌价值从41.64亿元提升至45.17亿元，实现为全县农民增收8600元/人，成为名副其实的富民产业。

最后，"浙农码"是数据共享与业务协同的桥梁。浙江数字化改革的两大基本方法就是数据共享、业务协同。而"浙农码"以其面向主体发码的属性，天然地以主体为中心进行了数据的重新整合，而在不同的应用中，该主体都是同一个码，能够非常容易地进行主体数据层面的共享，打通不同业务所需的数据，让业务协同起来。不仅如此，"浙农码"又以其红绿赋色的机制，能够对应用的预警信息及预警原因进行跟踪，快速把握三农领域中的问题，并协调不同应用予以针对性地解决。"浙农码"也已经在越来越多领域应用并创造出强大的价值。

仙居县的"农在线"通过打通全县 12 个涉农部门数据资源，基于"浙农码"应用构建仙居县涉农领域的"仙农码"，围绕着涉农服务场景，实现一主体一码，一事（服务）一码动态管理，为农民提供包括生产、加工、流通、贷款、保险、销售在内的全链条服务。

在农村集体资产管理方面，通过省市县乡村一级联网的"浙江省农村集体经济数字管理系统"（"浙农经管"应用），全面构建农村集体资产数字化应用执行链。开发"浙农码"村社版应用，以账务报结、开支审批、债权债务、合同履行、资产处置、公示公开等核心数据为基础，根据集体资产运行高危风险、中低风险、健康安全等行情形成红、黄、绿三色"浙农码"，发挥动态管理、实时监管、关联分析、智能预警效应。

"浙农码"被农业农村部推介为"2021 数字农业农村新技术新产品新模式优秀项目"。"浙农码"具有较强的可复制性，为全国的涉农领域数字身份技术应用发挥了示范作用。

（顾惠波 浙江甲骨文超级码科技股份有限公司创始人、董事长兼 CEO）

高峰按：

每个时代都有属于自己的难题，每个难题里都饱含着人们热切的希望。2021 年是国家乡村振兴元年，全国上下齐心协力、共同携手大力推进乡村振兴建设，立志早日实现共同富裕的目标。数字科技为我国"三农"发展提供了新的方向，互联网科技的一次次创新，为"三农"领域创造了更多的发展机遇和可能性，激发了"三农"数字化发展的内生动力。随着大数据、云计算、物联网等技术的不断发展，数据已然成为新的举足轻重的生产要素，数字化应用场景将会进一步拓展，应用技能水平也将持续提高，会涌现更多优秀的新技术、新产品、新模式，使数字经济成为新增长引擎，推进农业高质量发展，提升民生保障信息化服务水平，增强乡村治理能力。未来，现代农业将越来越多地强调高产、优质、高效、生态、安全，这就需要打造数字化特色农村产业，发挥地区农村产业的比较优势，推动农业的可持续发展，贯彻落实"绿水青山就是金山银山"的发展理念，使农村成为老年人想住、青年人想留、各类人才想发展的"宝地"，从而更加切实有效地助力乡村振兴，实现共同富裕。

CHAPTER 2

第二章

工业智能场景：
助力"中国制造"

当前的工业体系正在逐步构建信息交换、资源共享、能力协同、开放合作的新型制造体系，极大拓展了制造创新发展空间。如今工业数字化正处于快速发展时期，国际领先的工业和软件公司正在快速部署工业互联网技术和产品。

一、工业大数据与智能化

（一）国内外工业数字化的政策背景及历史演进

近年来，随着信息化和科技工业化研究的不断深入，人们提出了基于智能技术的生产理念，全球范围内开始了新一轮的智能工业革命。众所周知，发展国内制造业是提升国家综合能力和国际竞争力的重要途径。随着智能工业生产理念的引入和网络信息技术的快速创新和发展，大规模工业数据作为一种新的元素贯穿于整个工业生产过程中，极大地促进了智能工业生产的现代化和工业生产的转型发展。同时，企业智能化水平的提高必然会产生大量的工业数据，这些数据反过来又会继续参与到整个工业生产过程中，产生价值。这种数据流转模式能有效帮助厂商制定相应的工业产销策略，促进智能工业企业现代化和高质量发展。如今，随着数据科学的发展与进步，大数据技术与工业生产二者紧密结合。在工业自动化和智能机械设备的控制中，人们可以非常简单高效地进行机械设备的控制工作，从而高效完成从产品生产到检验过程的各项工作。

《中国产业数字报告 2020》中首次邀请了多名专家对"行业数字化"进行了深层次解读。报告认为，产业数字化是指在新的支撑和引导下，以数据、价值释放为核心，主线是数据赋能，实现产业链上下游各环节的升级和数字化转型。当前的工业体系正在逐步构建信息交换、资源共享、能力协同、开放合作的新型制造体系，极大拓展了制造业创新发展空间。如今工业数字化正处于快速发展时期，国际领先的工业和软件公司正在快速部署工业互联网技术和产品。

1. 国外工业数字化政策背景及历史演进

2011 年 6 月 24 日，美国时任总统奥巴马公布推动美国的"先进制造伙伴计划"（Advanced Manufacturing Partnership, AMP），目的在于建构制造业产政学研联合的基础平台，形成创新智能制造生态体系，参与的学术单位包括麻省理工学院、卡内基梅隆大学、斯坦福大学等知名学府，产业界则包括康宁玻璃、福特汽车、英特尔、宝侨等大企业。同年 11 月，美国商务部在美国标准与技术研究院（National Institute of Standards and Technolgy, NIST）设立国家先进制造项目办公室（Advanced Manufacturing National Program Office, AMNPO），主要负责协调产业界、学界和联邦政府部门，统筹规划与先进制造相关施政、管理公开竞争的研究所筛选创建流程。2013 年，美国推出 AMP 2.0 版，以平台建构为起点，强化其网络与软件优势，以设定重要的发展项目为实践，确保美国的先进制造业地位。

2011 年，德国汉诺威举办的汉诺威工业博览会首次提出了第四次工业革命"工业 4.0"的概念。"工业 4.0"战略是德国政府"高科技战略2020"中确定的十大未来项目之一。该战略旨在充分利用信息通信技术与信息物理系统（Cyber–Physical System），对制造业进行智能化改造。

德国希望通过"工业 4.0"的建设，推动传统工业转型升级，在新一轮工业革命中占据领先地位。

2017 年 3 月，在德国汉诺威信息通信展上，时任日本首相安倍晋三明确提出了"互联产业"的概念，要建立一个以人为本的新数字社会，通过合作协调解决新的产业挑战，积极推动适应数字技术的高层次人才培养。作为日本的国家战略产业愿景，"互联产业"强调通过物与物的连接、人与设备的协作，创造新的产品和服务以提高生产力。这是日本政府的高层目标。日本正在走向高度智能的阶段——"社会 5.0"，以解决一些紧迫的社会问题，包括老龄化、劳动力短缺、社会环境能源限制等。为了推动"互联产业"，日本经济产业推出一系列工作，提出了"东京倡议"，确立了五个重点领域：自动驾驶—移动服务、制造与机器人、生物与材料、工厂—基础设施安全和智慧生活。同时，日本采取了三种横向政策来推动这五个领域的发展：一是实时数据的共享和利用；二是网络空间的研发、安全对策等；三是面向中小企业的各种国际国内横向合作推广。在钢铁工业领域，2019 年日本在信息化方面取得了进展，以"人工智能"和"物联网"为代表，推出了具有超强计算能力、多种数据分析和人工智能应用的平台"NS-FIG"，并在其供应链和工程链中部署了先进的互联网技术。平台采用行业领先的信息技术，对海量数据进行深度挖掘。譬如，JFE 钢铁公司在 2019 年完成了 8 座高炉的人工智能（AI）生产，利用人工智能进行数据分析和操作，提前 12 小时预测高炉温度。

2. 国内工业数字化政策背景及历史演进

工业大数据是工业互联网的核心组成部分。《中国制造 2025》规划明确，工业大数据是我国制造业转型升级的重要战略资源。工业数字化需要根据我国产业特点，有效利用工业大数据促进产业升级。一方面，我国是世界工厂，实体制造业占比大，但低技术、劳动密集型制造业占比也大，对实体工厂和实体制造进行升级的任务迫在眉睫。另一方面，我国互联网产业在世界互联网产业发展中具有领先优势。过去十年消费互联网的飞速发展，带动了互联网技术的突飞猛进，互联网思维已经深入人心。要实现工业数字化，就要充分发挥这一优势，与制造业紧密结合，推动制造业升级和生产性服务业发展。2016年，中国工业互联网产业联盟（Alliance of Industrial Interent, AII）成立。该联盟希望建立一个产学研合作研发的公共平台，希望能通过工业互联网将互联网、新型信息技术和产业系统深度融合形成新的产业和应用生态。

（二）工业数字化转型的挑战

1. 挑战一——工业数据资产管理滞后

工业数字化对数据质量存在较高的要求，在实际应用中存在"garbage in, garbage out"（垃圾进，垃圾出，即若输入错误数据，则输出亦为错误数据）的问题，这是长期影响数据挖掘效果的棘手难题。据权威数据专家预计，低质量的数据每年会给企业带来约10%至20%的损失。美国于1990年还专门颁布了数据质量法案（Data Quality Act），进一步明确了数据质量的重要性。2016年，美国联邦大数据研究与发展战略计划也将保障数据质量和提高数据分析可信度列为七大战略之一。要使用数据，更重要的是"筹集"数据。电信、金融、互联网等信息化程度较高的行业的经验告诉我们，如果没有专门的数据资产管理，数据的质量将难以得到保障。依据相关调查显示，国内只有不到1/3的工业企业进行了数据资产管理，近半数的企业仍在使用文档或更原始的方法进行数据资产管理。如果考虑到更加长远的发展，工业企业应将数据视为与机械设备同等重要甚至更有价值的资产，加强数据资产管理。虽然数据管理的普及率不高，但是令人振奋的是越来越多的工业企业已经开始从主数据或元数据进行数据资产管理。而且，随着人工智能技术的不断进步，依托人工智能可以更高效地完成工业数据资产的管理。遗憾的是，与金融、电信、互联网等智能化程度更高的行业相比，工业企业在行业数据的管理上还有很多欠缺需要填补。

2. 挑战二——工业数据资源不丰富

从理论上讲，工业大数据应该是海量的。根据麦肯锡 2009 年的一份报告，在美国的诸多行业中，离散制造业有着最为庞大的工业数据资源。但实际上，有价值的数据资源极为罕见。究其原因，是因为数据挖掘时通常需要出现故障时所产生的"坏"样本。但是，很多工业系统的数据可靠性都比较高，带有故障信息的有效负样本数量稀少。还有一些工业场景对异常数据的采集有较高要求。只有在极短的时间内（如每秒数百万个测量点）采集测量数据，才能捕捉到机械设备的细微状况。这需要新一代的专用时间序列数据库和流处理平台、数据存储软件提供支持。2018 年底，中国信息通信研究院和工业互联网产业联盟针对国内 70 余家工业企业进行调查，结果表明，我国工业企业的数据资源数量普遍较低，仅 66% 的工业企业拥有数据资源，数据资源总量一般在 20TB 以下。数据资源匮乏与我国工业互联网发展尚处于起步阶段有一定关联。由于数据资源的累积需要时间，企业数字化、智能化程度欠佳。目前，工业体系协议中的"七国八制"现象十分突出。很多软件系统接口没有开放，这也增加了数据采集的技术难度。

3. 挑战三——工业数据应用还不深入

大数据在工业领域的作用可以从三个层面纵向来看。

（1）最基本的是根据数据描述工业生产线、营销和经营活动的历史和现状。

（2）进一步的，工业大数据可以帮助企业进行设备数据预测，判断车间和整个企业的未来状况。

（3）理想状态是基于数据分析的结果，自动指挥企业运行，形成高度智能化的生产模式。

此外，大数据应被应用于横向跨越设计、生产、销售、服务的工业生产全产业链中。2019年，工业互联网产业联盟对国内外300余个工业互联网平台应用案例进行了调研，结果表明，数据挖掘在工业生产中的应用普遍处于浅层阶段。40%的平台应用集中在产品或设备数据检测、诊断和预测分析领域。在运营管理优化、资源匹配协同等更复杂的场景下，大多数平台现有的数据分析能力无法满足应用需求。所以需要进一步推动数据分析技术创新，实现行业知识的长期积累。长期来看，工业数据挖掘需坚持以生产中的实际问题为导向，将工业生产机制与数据科学紧密结合，进一步提升数据应用水平，从而产生更大价值。

4. 挑战四——工业数据孤岛普遍存在

数据孤岛是几乎所有工业企业都面临的瓶颈。从单一企业的角度来看，企业中必备的用户管理系统、生产管理系统、销售和采购系统、订单存储系统、财务和人力资源系统以及IT系统大多由不同的软件开发商进行设计，相互之间缺乏联系，可以被描述为一个由茧房组成的系统。要深度推进智能制造，不仅是上述各系统的横向互通，还涉及信息技术和运营技术两个领域的数据垂直整合，推进难度很大。而且，企业越大，管理和技术负担越重，在推进上就更加困难。调查显示，超过半数的企业表示需要使用外部数据或向外界提供数据，只有不足 3% 的企业认为企业之间的合作不会涉及数据合作。但是，由于权利确认、安全合规等问题，数据流通存在很大的风险和阻力。德国工业 4.0 计划将数据流通作为重点课题，探索工业数据空间建设模式。同时，同态加密、安全多方计算、零知识证明、区块链和智能合约正在逐渐被接受和应用，它们也为打破数据共享的技术僵局提供了一条有希望的途径。对于如何打破数据孤岛，促进产业数据在中国的流通问题，仍需各方的积极探索。

综上所述，由于这些具有结构变化特征系统的工业发展面临着难以克服的技术、经济和社会障碍，所以目前工业数字化的发展仍然面临较大阻力。

（三）工业 4.0 与智能制造

工业 4.0 以生产高度数字化、网络化、机器自组织的第四次工业革命为标志。智能制造将是工业 4.0 的重要发力点，智能制造把生产设备、无线信号连接和各类功能性传感器都集成在了一个生态系统平台中，该平台负责监督整个生产线流程并进行自主决策。人在以往几次工业革命中起到的作用在工业 4.0 中已弱化，而以机器人、传感设备、智能控制为主的"智能制造"将成为主导。

工业 4.0 描绘了工业发展的未来愿景，继蒸汽机、规模化生产和电子信息技术等工业革命后，我们迎来了以信息物理系统 (Cyber-Physical Systems, CPS) 为基础，打通所有生产环节壁垒，用无线网络畅连一切的时代。在此基础下，未来工业将会极大提升制造业的智能化水平，建设具有适应性、资源效率及人因工程学的智慧工厂，以智慧物联、数据互通技术实现更高水平、更高效率、更高质量的超级工厂。

1. 未来工业支撑技术

运用区块链、物联网、云计算、人工智能等前沿技术，工业4.0充分整合、优化虚拟网络和现实世界中的资源、人才和信息，打造灵活、高效的"智能工厂"，从而实现从产品设计到制造、零售的全流程信息流通。这一贯穿整个商业价值链的"数字链条"，极大提高了信息透明度，实现了成本大幅降低，同时催生出灵活高效的制造开发流程，革新了商业模式。

（1）物联网

随着低成本物联网技术应用的推广和普及，物理世界与信息化的网络世界被实时连接起来，其将通过CPS实现高效整合。CPS把物理世界的对象镜像到信息世界中，让成对的对象实时交互。通过实施CPS，产品设计或工程设计团队能够深入到售后领域，了解他们的产品在每一种单独的运行条件下的使用情况、用户体验以及产品的表现情况。而实时了解产品使用情况的做法则催生了一种新型业务模式——产品即服务，这一业务模式贯穿整个产品生命周期，将生产者和消费者衔接起来，为消费者提供更优质的产品与服务。

（2）区块链

区块链技术与物联网技术的结合使用，可以通过分散的超级账本使整个行业价值链中的所有企业都能高效共享可信的信息。这种技术帮助行业价值链中的企业通过生态系统协作不断完善自身目前的业务关系。

（3）人工智能

在产品和设备上安装传感器和执行器，通过 CPS 镜像到信息空间，并且通过区块链技术可以将信息在整个价值链中共享。在这种情况下，所产生的实时数据和决策点的数量是以前所无法想象的。以往，企业团队可能只需要跟踪几十个产品的使用情况，生产规划团队只需要将几百个批量订单与几十条生产线进行匹配。而现在，我们面对的是来自于几十万甚至上百万个 CPS 实体的数据，这些数据之间存在几万种可能的组合，而且企业需要在几秒钟之内做出决策。这就需要人工智能来解围。在大数据、优化引擎、机器学习和人工智能技术的支持下，工业物联网平台能够即时采集 CPS 传输的数以百万计的海量数据，进行自主学习并找到最优解决方案。

（4）云计算

云计算是指通过网络"云"把数据计算处理部分分解成多个小程序，再以多台服务器组成的系统对小程序进行加工处理，在云端完成一系列的数据分析工作，再把最终计算所得的结果返回给用户。云计算技术拥有超快的网络运算与处理速度，可以在极短时间内完成对超大数据量的处理，从而让计算量大、设计复杂的网络服务成为可能。可以说，云计算技术的发展为未来工业的计算应用提供了经济、可靠的算力服务支持。

2. 未来工业四大主题

智能工厂、智能生产、智能物流和智能服务是未来工业的四大主题。

智能工厂是最受关注的发展主题，将成为未来工业基础设施的重要组成部分，其特点在于智能化的生产流程和网络化分布的生产设施。

智能工厂不是单独追求单个设备的智能化水平或无人化水平，而是着眼于全局，实现工厂内所有设备和资源可以互联互通，从而也为智能生产和智能物流打下坚实基础。通过以太网、5G等网络通信，实现智能工厂内外、多工厂间、设备与人员之间的万物互联，催生出新的工厂生产模式，并通过多自由度工业机器人、多轴数控机床的广泛应用，向无人工厂不断迈进。

智能生产是未来工业发展的关键，其将智能装备、各类传感器、智能物流、制造执行系统、信息物理系统等多个智能子系统进行高度整合，组成新一代的人机一体化智能系统，并按照各工厂不同的工艺设计要求，实现整个生产制造过程的智能化生产，从产能排产、物料配送、流程调度、状态监测、产品溯源等实现管控全流程一体化。智能生产得益于人机交互、物流管理、3D打印等先进技术在生产过程的应用，实现生产流程数据的采集、监控，基于海量多维数据进行深入的数据分析处理，从而形成个性化、智能化的智能制造产业链。生产流程智能化是未来工业的关键。

智能物流是未来工业的发展基石。通过以太网、移动互联网、智能物联网和网络内网，充分整合物流信息，提升物流效率，进行快速的服务匹配，提供智能物流支持。根据客户的需求变化，灵活调节运输方式。应用条形码、二维码、RFID、传感器、全球定位系统等先进的物联网技术，通过信息处理平台，实现货物运输过程的自动化运作和高效率优化管理，从而促进区域经济的发展和资源的优化配置，方便用户的生活。透过智能物流的应用，车间内的立体仓库、机器人、AGV自动小车、机床默契配合，生产能够有序进行。而所有这一切，都可以在远端通过移动智能终端进行实时监测和优化管理。计划执行、设备状态、原材料库存、产品送达等各种情况，远在千里、尽在掌握。

如果出现质量问题，则可以随时追溯产品的生产过程的任何环节，及时解决问题。

智能服务是未来工业的新发展引擎。通过产品—感知—大数据的应用，改变现有产品的销售和服务模式，如增设线上租用、自动配送、智能保养、智能预警、自动维修等智能服务新模式。其目标是在工业4.0生产出来的智能产品的基础上，通过物联网技术，将产品连接到互联网上，并应用大数据和其他IT技术，将企业的商业模式从产品驱动转变为数据驱动，从销售产品转变为销售服务或产出，从而实现业务模式的革新甚至革命。

未来十年，我们将步入工业4.0的新时代，实现由"机械化"向"智能化"的转变，迎来重大的发展机遇。新一轮的工业革命必将给生产方式、生活方式、组织结构带来巨大变革，只要我们紧紧抢抓机遇，沉着应对，中国制造必将成功转型"中国智造"，中国工业一定会迎来美好的明天。

二、云智一体的智慧工业系统

（一）智能物联网

智能物联网（Artificial Intelligence of Things，AIoT）是人工智能技术与物联网技术在实际产业中的融合产物，这一新兴概念在未来工业、智慧制造、无人驾驶、智慧城市、智能家居等领域得到了广泛应用。智能物联网是指通过传感器实时采集各类信息，获取到丰富多维的感知数据，然后在设备终端或是云中心以人工智能技术对所采集的数据进行智能化分析，包括目标物体识别、未来趋势预测、流量资源调度、预警分析决策等。在这一过程中，一方面人工智能帮助物联网处理海量数据，提升其决策流程的智慧化程度，改善人机交互体验，帮助开发出高层次应用，提升物联网应用价值；另一方面，物联网通过万物互联，通过无所不在的传感器和终端设备为人工智能提供了大量可分析的数据对象，使得人工智能研究落地。

随着物联网、大数据和云计算等技术的兴起，信息技术在工业制造领域的应用范围逐步扩大，融合程度日益加深。得益于此，全球工业的自动化、数字化水平不断提高，如今更是在向智能化、云联网化趋势发展，一场新的工业革命正在到来。AIoT作为一种新的IoT应用形态存在，与传统的IoT区别在于，传统的物联网是通过有线和无线网络，实现物—物、人—物之间的相互连接，而AIoT不仅是实现设备和场景间的互联互通，还要实现物—物、人—物、物—人、人—物—服务之间的连接和数据的互通，通过人工智能技术对物联网的赋能进而实现万物之间的相互融合，助力用户获得更个性化的使用体验与更简便的操作感受。

工业是物联网应用的重要领域，工业智能物联网是智能物联网中最重要的组成部分，智慧物联将为未来工业带来翻天覆地的变化。工业物联网是把多维感知的传感器、智能决策的控制器和移动互联通信技术融入工业生产各环节中，通过对全流程的实时监测、数据分析、状态预测，提高产品的制造质量与效率，同时也根据实时供需进行资源调配，降低物料成本和时间消耗，将传统工业推向智能化发展。

从技术发展和应用前景角度，工业物联网将在以下方面大显身手。

（1）生产过程工艺优化。工艺决定质量与能效，物联网技术的应用提高了生产线过程实时监控、数据实时采集、机器运行状态估计的能力和水平，生产过程的智能监控、智能决策、智能预警、智能维护水平不断提高。企业通过各类智能传感，在生产过程中对产品的曲率、温度、长度、面积等要素进行实时监控调整，从而优化生产流程和提高产品质量。

（2）工业安全生产管理。生产安全是一切的前提，通过把感应器嵌入矿山设备、油气管道等大型存有隐患性设备中，可以提前感知环境中的可能隐患因素，全方位排查人员、设备和环境等方面的潜在危险信息，对可疑点提前报备以供排查检修，消除隐患，以多源综合感知平台实现实时感知、提前辨识、预先排查、有效预防。

（3）制造业供应链管理。供应链是生产的保障，物联网应用于原材料订购、运输、存放、生产、销售配送等物流领域，通过智能完善的供应链管理体系，提高供应链运输和管理效率，降本增效。空中客车公司正是通过广泛采用传感技术，构建了效率极高的供应链体系。

（4）产品设备监控管理。设备是生产的基本要素，通过传感技术与制造技术的有效融合，可以实现对设备操作记录、故障情况的远程监控与诊断处理。当某地设备出现故障本地工程师难以解决时，可以通过传感器的数据采集，在云端与远程专家进行合理诊断，实现对设备维护和诊断的在线解决。

（5）环保监测及能源管理。环保是生产的可持续要求，守住绿水青山是未来工业发展的重大发力点，物联网与环保设备的融合可以实现工业生产过程中各环节关键指标的实时监控，精准定位污染源，并提供污染控制的推荐解决措施。在重点排污企业安装传感设备，实现对排污量、排污指标的在线监测，同时也可以在必要关头或时间段远程关闭排污口，实现污染治理实时监测解决，严防环境污染问题。

智能物联网的产业化在推广与应用中，也面临着一些问题和挑战，这也带来了很大的研究价值。智能物联网面临的挑战主要集中在以下几个方面。

智能物联网研究碎片化、单点式，业务融合性差，缺少面向一般应用的统一解决方案。AIoT 技术的发展，需要政府、企业和学术机构共同制定统一的技术规范和标准，探索面向复杂融合应用的解决方案。

智能物联网系统中终端设备的算力和资源受限。AI 算法通常需要强大的算力支持，但是从目前情况来看，AI 算法容易面临着部署 AI 模型困难、数据挖掘和智能决策的时延问题。面向终端有限算力的 AI 模型拆解和并行化，以及结合云边端融合的协同 AI 策略，都将是可行的解决路径。

安全和隐私保护难题。AI 驱动的 IoT 应用，需要对采集到的数据进行分析挖掘或集成，这可能侵犯数据所有者的隐私，存在数据窃取、误用和滥用的风险。未来，可结合区块链技术探索构建去中心信任管理，通过数据和行为溯源，确保数据一致性和可靠性，保护数据隐私。

智能物联网的快速发展推动了中国整体制造业的数字化转型，在机械、钢铁冶金、交通及能源等领域酝酿出一系列新模式与新业态。智能物联网是信息通信技术发展的新一轮制高点，其在未来工业中有着不可替代的作用，拥有着强大的发展潜力，正在各大领域广泛渗透和应用。

（二）智能数字控制

在计算机智能数字控制的推动下，相对于传统工程机械设备，现代设备的自动化水平以及智能化水平都有了明显的提升。现阶段，中国科学技术水平的迅猛发展大大提高了中国的工业水平，各种先进技术在传统工业部门得到了广泛应用。

要理解智能数字控制，需要先了解相关概念。

（1）数字化：将大量复杂多变的信息转换成可测量的数字和数据，

然后根据这些数字和数据建立适当的数字模型，转换成一系列二进制代码，输入计算机进行统一处理。这是数字化的基本过程。数字化是软件技术和智能技术的基础。软件系统的系统软件、工具软件和应用软件，以及数字滤波、编码、加密和解压缩等信号处理技术都是基于数字化技术实现的。

（2）智能化：是由现代通信和信息技术、计算机网络技术、工业技术和智能控制技术组成的对某一个方面的智能应用集合。

（3）控制技术：一般为反馈（闭环）控制系统。反馈原理是根据系统输出的变化信息对系统进行控制，即通过比较系统行为（输出）与期望行为之间的偏差，消除偏差，达到预期的系统性能。在反馈控制系统中，有一个输入到输出的前馈路径和一个输出到输入的信号反馈路径，形成闭环。

（4）数控：用数字、字符或其他符号对工作过程进行控制的一种自动化方法。通常使用特定的计算机，操作指令用数字表示，机器设备按照预定程序运行。

智能制造已经成为提高制造业综合竞争力的国家战略。以德国工业4.0为代表的智能制造技术基础是信息物理融合系统；美国基金会于2008年提出了CPS。CPS是指计算与物理资源的紧密集成与协调，使系统的适应性、自主性、高效性、功能性、可靠性、安全性和可用性大大提高。

先进的数控技术是智能制造发展的关键。智能数控技术的出现改变了人们通过脑力劳动完成制造过程的局面，并将广泛应用于各个子系统中。从智能制造技术发展的角度来看，加强对智能制造技术的研究是非常重要的。制造企业可以应用这种数字化管理模式，完善企业的制造体系，实现自主设计，提高生产线的适应性。通过数控系统的自动化生产和协同管理，提高管理人员的素质，促进整个生产系统的发展，进而创造一个机器感知、自主学习、科学决策的生产氛围，实现中国制造 2025 年的美好愿景。在这一过程中，全行业都必须重视互联网与工业生产的融合，以促进数字化制造的普及，同时也要重视智能制造标准的制定。开发基础支撑软件，加强工业互联网基础设施建设，建立信息案例系统。

关键的智能数字控制技术应用主要集中在以下几个方面。

（1）工业机器人。机器人和自动化技术在生产线上的应用，满足了制造业智能化创新发展的要求。工业机器人可用于传统劳动力不适合工作的领域，如高温车间、高风险车间、腐蚀车间等。工业机器人系统的应用可以大大提高整个生产的精度，降低误差率，提高生产的稳定性和产品的控制能力。

（2）设备制造。这种材料和生产方法的组合能够将新材料和设备应用于实验室开发数字控制技术，从而提高对材料的总体认识。

（3）智能检测。检测系统的精确度直接决定装配制造附件的位置精度，精密检测系统可为工业机器人提供路径方向，并且组装网络系统可以配备用于自动控制。

（4）设备组装。手动检测耗时较长，不可能实现统一标准和工艺。通过智能化的检测和装配设备，产品可以进入自动质量检验链，通过标准化、统一的检验方法自动筛选出非标产品。这不仅可以大大提高生产效率，而且可以降低人力资源成本，提高产品的市场竞争力。

（5）智能物流。在产品的沉积和输出过程中，数字控制系统能够通过智能识别系统获得本仓库的身份信息。这使得物流管理者能够检查所有存储和输出产品的身份，从而减少发送错误，提升客户满意程度。

将微处理器技术与计算机技术相结合并将其应用于制造设备，使系统能够获得所需的测量值，从而使操作电压能够通过收集电容栅传感器的操作要求。先移动信号，然后转换移动信号，使得在电平上转换的数字信号在由逆变器重构之后可以发送到芯片寄存器，集成了数控和智能制造的先进技术，促进了机电集成技术的发展。这也将智能制造技术与先进的数控技术更好地结合起来，使工业生产更加稳定，制造设备更加可靠。

通过智能数字控制技术来实现智能制造，极大地提高了传统产业的生产效率，加强了智能制造在我国社会经济发展中的催化剂作用。

目前，人们可以收集更多的信息，建立相应的数据模型，根据算法规则对信息进行监控和处理。设备的诊断、统计和优化等具有智能化的特点。通过使用智能控制技术，能够对过程进行全面分析，并对过程进行实时监视，以监控产品和生产状态。可以说，在智能开发中，使用智能控制技术收集和分析大数据已成为核心，通过探索和分析大数据，可有效实现参数优化处理与实际操作状态的快速检测。

综上所述，当今世界已进入智能制造时代，先进的数字控制技术可以提高智能制造水平，节省人力资源，提高生产力。制造业正朝着精密化、智能化和自动化的方向发展，为了满足时代的需要，各国已将智能制造技术现代化作为国家的优先事项。在第四次工业革命中，智能数字控制技术的许多功能，如智能分析、信息处理和自动化控制，必将在未来生产中扮演越来越重要的角色。

（三）工业人工智能与知识自动化

随着数据规模与算力的爆炸式发展，人工智能、大数据分析、工业物联网、云计算等领域近些年取得了长足的进步；其中，人工智能被广泛地应用到各种具体的工业场景，释放了巨大的潜力。工业人工智能得到美国、德国、中国等国家高技术公司和智库的高度关注，成为公认的提升制造业整体竞争力的国家战略，在"中国制造"和"新一代人工智能"中发挥不可替代的作用。通过将人工智能技术引入到具体工业生产的各个环节，实现生产智能决策、资源优化配置等创新应用，进一步提高了工业系统自感知、自学习、自执行、自决策、自适应的能力，也增强了工业系统对复杂多变环境的适应能力，最终提高生产效率、产品质量和设备性能。

意识到人工智能对工业系统的巨大提升作用后，各国相继出台了相关政策推进工业人工智能的发展。2018年5月，美国白宫举行"美国工业人工智能峰会"并发表声明：重点发展具有高影响、面向特定领域的AI，应用于美国工业来增强美国劳动力素质，提高他们的工作效率，更好地服务客户。我国也紧跟世界的步伐，中国工程院"制造强国战略研究"项目在"新一代人工智能引领下的智能制造研究"课题中提出：新一代智能制造作为我国智能制造的第二阶段(2025—2035年)的战略目标是使我国智能制造技术和应用水平走在世界前列。

虽然相关的从业人员对"人工智能将对工业产生广泛影响"的观点持坚定态度，但是不可否认的是，人工智能自身的发展并没有考虑到制造过程的特点。多尺度、多源信息获取、预报模型和资源计划决策与控制过程集成是智能制造中的挑战难题。实现工业人工智能的落地，不仅需要AI算法专家，还需要工业界的人才，双方深入合作来设计符合业务场景的AI算法，同时需要利用云边协同的架构实现工业AI系统对计算资源、传输时延、存储资源、网络资源等的协同，最终实现企业转型和智能制造的发展。

例如传统的缺陷检测往往基于人工检测或简单计算机视觉对比展开，效率低且检测水平有限，而深度学习＋机器学习等AI技术的引入让企业可以有效提升缺陷检测效果。但这一方法通常需要将图像实时从生产端传输到数据中心，且对时延要求非常高；通过"云边协同"架构，将推理部分工作负载前移至边缘端，可以大幅缓解数据传输压力，降低检测时延。全球半导体显示产品龙头企业京东方就基于云边协同架构自主研发出基于深度学习方法的自动缺陷检测分类系统（Automated Defect Classification, ADC)，搭配英特尔®至强®可扩展处理器作为其边缘端的核心计算引擎，实现了快速缺陷检测、自动定位和分类功能，解决了传统人工检测效率不高、准确率欠佳且成本居高不下等问题。数据显示，基于云边协同架构的新 AI 缺陷检测系统在京东方部署上线后，不仅将检测准确率提高到 96%，还使人工替代率达到了 70%。

知识自动化是一种可执行知识工作任务的智能软件系统。它除了包含传统的规则、推理和显性表达式之外，也对隐含知识、模式识别、群体经验等进行模型化，并借助软件化的方式，形成可执行的知识软件系统，这将使知识工作者从重复性劳动中解放出来。知识自动化又称为"知识工作自动化"，2013 年，在麦肯锡全球研究所发布的《颠覆技术：即将变革生活、商业和全球经济的进展》中，"知识工作自动化"（Knowledge-worker Automation）力压云计算、物联网等 12 项可能在 2025 年之前决定未来经济的颠覆技术中排名第二（第一位是移动互联网），并预计到 2025 年，"知识工作自动化"每年可直接产生 5.2 万亿至 6.7 万亿美元的经济价值。而在此之前，"知识自动化"仅被少数自动化专业人士了解与重视，并不是大众媒体所关注的技术，关注程度甚至低于物理过程自动化。

知识自动化的目标是将人从重复劳动的沼泽地解放出来，把各种模型化的工业技术体系移植到智能设计与制造平台上，并通过平台驱动各种软件，实现由机器完成原先需要人去完成的大部分工作，而人仅需完成高级的决策性工作。实际上，知识自动化并不是一个全新的命题，它尽管在概念上显得很新颖，但实际上在工程应用上早已被实践多年，受到了各个行业的重视，在近些年也得到了快速的发展。

（四）数字化监控与智能运维

随着网络技术和视频技术的快速发展，全数字化监控系统因其信息化、智能化和网络化的优势逐渐代替传统的模拟监控系统。全数字化监控系统的数据流庞大，这归因于摄像机分辨率的快速提升（摄像机的分辨率已经普遍达到了百万像素级），图像记录与录像播放时的高分辨率、高帧率对数据存储和网络带宽提出了更高要求。百万像素网络摄像机也称 IP 摄像机，是摄像技术与计算机技术相合的产物。IP 摄像机可通过配置 IP 网络发送视频，按给定时间，根据活动或授权用户的申请进行现场查看或记录。采集的图像可以是采用同网络协议的 M-JPEG、MPEG-4 或 H.264 视频流，或采用 FTP、电子邮件或 HTTP（超文本传输协议）上传的 JPEG 图像。为了节省带宽，目前 IP 摄像机大多采取 H.264 视频流。

对于数字监控系统，根据系统各部分功能的不同，可将整个数字监控系统划分为七层：表现层、控制层、处理层、传输层、执行层、支撑层、采集层。

（1）表现层直接面向用户，常见的表现层设备有监视器、高音报警喇叭、报警自动拨接电话等。

（2）控制层是监控系统的核心，同时也是系统科技水平的明确体现，目前大多采用数字监控方式。

（3）处理层又称为音视频处理层，负责对传输来的音视频信号进行分配、放大、分割等处理。

（4）传输层在监控系统中承担导线的作用。新出现的传输层介质——网线／光纤大大提升了传输效率，拓宽了应用范围。

（5）执行层是控制指令的命令对象，常见的执行层设备有云台、镜头、解码器等。

（6）支撑层用于保护、支持后端设备。常见的支撑层设备有支架、防护罩等。

（7）采集层顾名思义是监控系统中用于数据采集的核心组件，常见的采集层设备有镜头、摄像机、报警传感器等。

智能运维（Artificial Intelligence for IT Operations, AIOps）指将人工智能应用于运维领域，通过机器学习发现和解决传统自动化运维无法解决的问题。智能运维的出现旨在帮助企业智能地管理基础设施、网络和应用程序，以提高性能、弹性、容量、正常运行时间，同时提高在某些情况下的安全性。通过将传统的、基于阈值的报警和手动过程转移到人工智能和机器学习系统中，企业能够更好地监控 IT 资产，对负面事件和影响进行事前预测。

相比于传统人工运维，智能运维具备以下显著优势。

（1）决策时间短：智能运维面对海量的运维数据可实现快速止损和快速决策，而在这种情况下人工专家的分析判断往往需要花费数小时或更多。

（2）节省人力成本：智能运维通过机器学习来进行运维数据的挖掘，代替人工进行更有效的决策。

（3）提升整体系统可用性：智能运维通过在企业的落地，能够提升业务系统的服务级别协议（Service Level Agreement, SLA），提升用户的体验，减少故障处理的时间等，从而带来业务的升值，并最终实现真正意义上的无人值守运维。

目前，智能运维在企业中的应用集中体现在发现问题、根因分析、预测未来、辅助决策等：

（1）发现问题：基于机器学习的异常检测。

（2）根因分析：基于机器学习的故障挖掘，定位故障发生的根源及其原因。

（3）预测未来：基于机器学习模型的指标预测，例如实现对业务数据的预测。

（4）辅助决策：深入运营场景，实现业务运营的IT辅助决策应用，如营收预测。

智能运维具有人工运维不可比拟的优越性，但是凡事必有代价，不是所有的场景都可以实现智能运维，这是因为智能运维对系统有着很高的基础要求。首先，智能运维的实现需要海量的运维大数据的支持，这就要求系统具有多样化数据存储与查询等功能。其次，为了实现底层的机器学习决策算法，系统需要支持多种机器学习、深度学习框架，交互式建模IDE以及可视化样本标记等高级功能。最后，系统需要实现高度的自动化，需要集成企业配置管理数据库（Configuration Management Datebase,CMDB）、作业执行、编排引擎、自定义场景等功能模块。更为核心的是，这些功能模块之间应该有效交互，不能仅仅是独立的各个模块，需要有一套平台架构来支撑各个个性化的场景，尤其是打破数据烟囱、功能烟囱，这样才能实现有效的智能运维生命周期落地。

现以某省管道智能阴保管理系统建设为案例展现数字化监控与智能运维的实现方式。系统建设的背景是全省天然气管网即将建成，管网在所处环境多样、安全压力严峻的形势下，采用新技术、新装备加强管道安全监控，同时减人增效，提高公司管道智能运维的水平。

该省建成的管道智能阴保管理系统从功能上主要分为以下几个部

分，分别是主页、阴保监控、排流检测、外腐蚀检测、智能分析、报告输出、设备管理、知识库等。

主页主要展示了管道智能阴极保护现状、智能阴极保护有效率、智能阴保设备运行率、智能阴保及排流设备完好率、智能排流有效率、报警列表等关键组件，可实时监控管道总体阴保情况。

阴保监控可对所有智能阴保桩和恒电位设备的阴保参数、设备状态进行远程监控，并可管理设备报警和下达监测任务。

排流检测通过 CDEGS 仿真软件、大直流区域防范系统、排流箱，构建一套包含排流监控、测试、仿真的全过程管理系统。

智能分析包括杂散电流分析、外腐蚀缺陷点分析、外腐蚀综合分析、外腐蚀寿命分析、恒电位仪控制分析和阴保有效性分析六个子模块。它可通过对智能阴保监测数据的深度解析，实现杂散电流点定位；结合外部金属损失和土壤腐蚀性等数据，进行外腐蚀缺陷点腐蚀速率分析、外腐蚀剩余寿命分析；通过对保护段内阴保监测数据的时空分析，实现恒电位仪的自动反馈控制，实现阴保有效率的智能分析。

报告输出可按照管道智能阴保监控报告模板输出报告。设备管理可实现智能阴保设备的编辑和维护，用户可以新增、修改或删除设备，并可在地图上点选安装坐标位置。知识库主要实现管道阴极保护相关知识的展示，包括管理规范、监测方法等。

管道智能阴保管理系统可实时监控管理管道的阴保数据，评价管道的阴保状态，及时发现并处理管道阴保电位异常点，降低管道被腐蚀破损的风险。与传统的采用万用表测量的人工巡检现场采集方式相比，智能阴保可有效减少人为测量误差，提高效率，并可做到每天一次管道电位数据汇总。

从人工运维到自动化运维再到智能运维，工业生产活动变得越来越智能化、高效化。在"十四五"规划大力推进企业数字化转型的背景下，智能运维领域必将会得到长足发展，为生产带来技术红利。

三、工业数据智能典型案例

（一）浙江运达风电股份有限公司数据智能应用案例

1. 风电制造工业数据智能平台

在役机组数量的爆发式增长以及信息化系统的广泛应用部署背景下，行业对海量多源异构数据的有效集成管理与深度智能应用的需求管理十分迫切，然而现有技术仍然无法提供有效的基础支撑。运达风电股份有限公司牵头负责风电机组运行状态信息的融合技术研究，并构建了基于云计算的工业大数据智能平台。另外，在实现风电机组深度感知、智能检测的阶段性目标方面，如何实现传感器精细化监测、传感器优化布局以及搭建多源异构数据的统一化管理平台是重中之重。

公司研究了风电机组运行状态信息获取与融合技术，完成了基于阿里云的大数据平台构建。针对风电场数据平台以及风电机组运行时的非结构化和结构化数据，实现数据的标准化转换和存储；充分利用互联网云平台基础设施，为上层定制化数据应用服务提供强大的数据处理能力；定制拥有良好交互功能的风力发电制造工业数据智能平台系统。

公司选取了阿里云作为大数据平台的主要支撑平台，具体数据类别包括 SCADA 数据、CMS 数据、能效系统数据以及多传感器集成系统产生的其他多种数据形式，进一步整理出了运行参数数值、代码字符串、逻辑开关状态值、信息文本、图片等多种结构化与非结构化的数据结构。通过 Max Compute Tunnel、Kettle、DataHub 等阿里云对象存储（Object Storage Service）OSS 开发工具及根据自身业务需求开发的自研工具实现多种来源的风电场数据即时接入阿里云 OSS 数据平台并妥善归类。考虑到故障诊断和预警系统提出的数据调用和存储需求，项目组选择了可靠率99.99%、具有三副本永久保存能力的阿里云存储服务。为了能够同时支持多个功能管理平台，包括故障预警与健康监测平台、故障诊断专家知识库平台等，项目组自主开发了能够提供各类数据管理微服务的数据中台，完整承接从系统底层数据仓到各业务平台之间的数据交换需求。

另一方面，考虑到风电场数据来源的不稳定性，项目组使用了多个如 Kettle 及 Log Stash 等的数据质量管理工具，实现了来自不同风电场不同技术规格运行数据的清洗，并方便了上层平台对指定标签数据的自定义批量高速传输。同时，基于 Max Compute 提供的 Flink 流计算等计算工具，充分利用云平台高效集成的计算资源，为 PHM 平台等需要大数据挖掘算法应用的系统提供了足够的算力，以保证其功能的即时性。

除此之外，为了解决集控中心级系统数据资源上传周期不固定的问题，公司利用阿里云的 Max Compute、批量计算等云计算服务自主研发了弹性计算模式，解决了计算任务量在时间尺度上分布不均匀、运行情况监控不足而带来的短时资源不足以及监控维护困难问题，弹性计算基本原理如图 2-1 所示。将智能工业数据系统涉及的模型训练、部署、计算等功能统一迁移至阿里云平台执行，大大提升了模型运算效率，同时节约了计算成本。

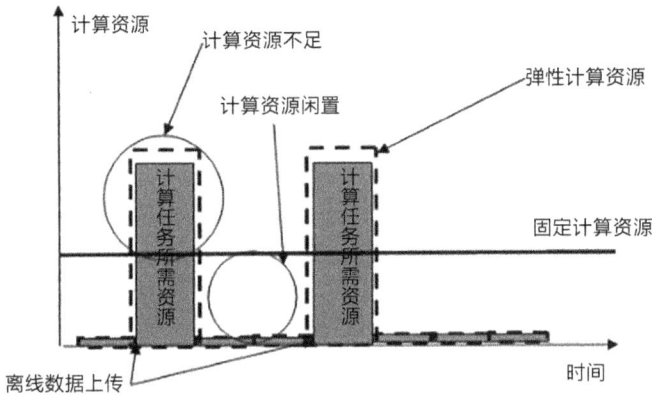

图 2-1　基于阿里云的弹性计算原理示意

运达风电大数据平台于 2018 年底建设完成，已经存储了 83 个风电场的历史和实时运行数据，数据量达到 250.72TB，云平台架构支持无限扩容，存储能力无上限限制。在单个风电机组的数据采集方面，现已支持 1200 个点以上的 1s 及更高级别数据实时接入和处理，可以满足当前多传感器集成系统的应用需求。

2. 工业数据智能实时监测系统搭建

为了实现对风电机组的实时监测，从而为工业数据智能的实现提供全面的数据源支撑，公司首先对风电机组原有的传感器布局方案进行了优化。公司研究了多传感器集成技术，并在此基础上进一步研究了风电机组关键运行参数辨识技术、风电机组性能评估指标辨识技术，实现了对风电机组实际运行性能及难于直接监测的关键运行参数的实时监测。

同时，公司也通过明确风电机组故障机理，综合分析风电机组频发故障位置，有针对性地增减风电机组监测传感器的种类与数量，优化组合布局，完成风电机组监测系统硬件搭建，保障风电机组运行状态数据记录的全面准确性，同时结合大数据平台与数据可视化技术完成风电机组远程监测系统的开发。

基于风电场实时监测需求，项目组形成了如图 2-2 所示的多传感器集成方案框架。在相关框架的确定过程中，由于当前 SCADA 系统和 CMS 系统比较缺乏测点的风轮系统和环境参数监控，项目组为了提升机组的监测与保护能力，新接入了 80 个智能传感器及多个子系统，包括变桨轴承位移及应力传感器、叶片螺栓断裂监测传感器、叶片振动传感器、主电缆温度传感器、湿度传感器和气压传感器以及雷电监测系统、叶片损伤系统与 CMS 系统等，此类新增的风电机组运行状态参数监测手段现已可以基本满足项目设计中在线监测系统的数据采集需求。除此之外，项目组还对现有风电机组的控制系统进行改进，在保留原本逻辑规则上进一步记录了机组在不同工况与不同控制策略下的运行数据，并定时同步到 SCADA 系统中，为机组智能监测、故障预警、智能运维提供实际运行数据。

针对当前风电机组 CMS 系统供应商较多，设备型号和监测数据类型繁杂的问题，项目组自主开发了 WM.SMART 系统，相关系统功能以及硬件外观如图 2-3 所示。该系统将 CMS 系统的数据采集规格进一步标准化，并统一通过 CANopen 通信方式发送给智能中控系统，实现数据在风电场端的整合和利用。

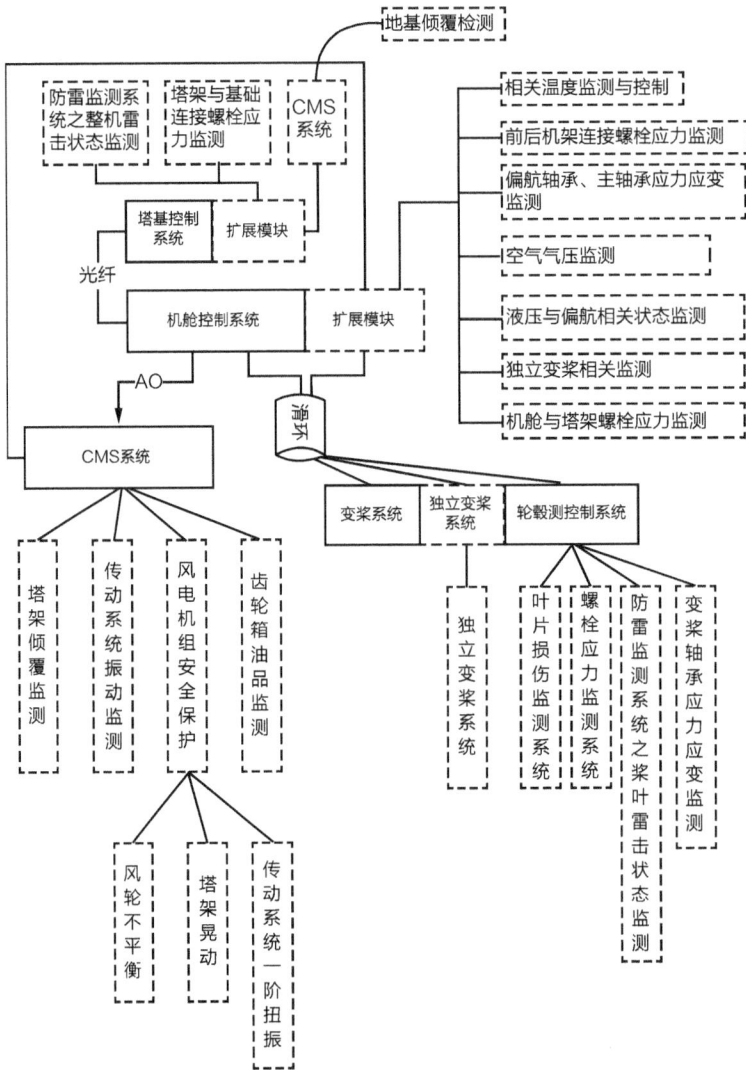

图 2-2　多传感器集成方案整体框架

图 2-3　运达集团自研 CMS 系统 WM.SMART 1

在保持对原有关键部件振动监测基础上，CMS 系统可实现对风电机组塔架与基础的倾覆状态、风轮不平衡、塔架晃动、传动系统一阶扭振与齿轮箱油品等状态的监测与分析功能，提升了现有 CMS 的监测能力；同时通过数据融合技术，CMS 系统可以获取到更多的机组状态信息，如叶片损伤状态，从而可提高 CMS 系统对风电机组状态诊断结果的精确度。

（1）基于 BLS 算法的风电机组关键运行参数辨识技术

本技术主要针对风电机组实时监测运行参数中的有效风速与功率变量，基于如图 2-4 所示的 BLS 算法原理，通过增量学习的更新机制确定适合训练数据的最优模型结构与参数，准确构建输入与输出之间的非线性关系。目前该方法已经可以实现对包括功率系数 C_p、机组关键控制参数 K_{opt}，以及风速、功率等机组关键参数的辨识，辨识效果准确率已达 95% 以上。

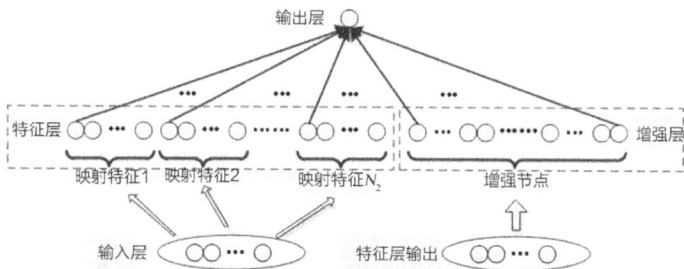

图 2-4　BLS 模型基本结构

（2）基于 LS-BSA 算法的风电机组性能评估指标辨识技术

本技术主要针对风电机组运行功率曲线这一关键实时监测运行指标，研究真实功率曲线辨识的相关技术内容，主要目的是在基于预处理技术消除不同测量环境下数据差异的基础上，实现风电机组真实功率曲线的准确建模。利用该算法在示范风电场的某风电机组上的功率曲线辨识结果如图 2-5 所示，从数据分析层面来讲该功率曲线辨识算法效果对功率曲线的辨识精度要优于传统的三次函数拟合、5 参数 Logistic 拟合以及 SVM 拟合的效果，且辨识得到的功率曲线的光滑性是可以得到保证的，为后续精确量化风电机组出力性能提供了重要的工具。

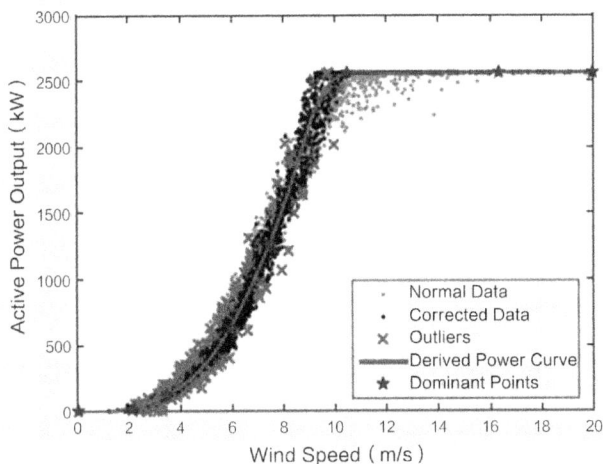

图 2-5　基于 LS-BSA 在示范风场的某风电机组上的功率曲线建模结果

基于以上理论研究成果，项目组建立囊括 SCADA 数据、CMS 数据、扩展运行数据等集成监测体系，构建风电机组物理部件和系统运行信息的数字模型，完成风电机组监测系统硬件搭建，保障风电机组运行状态数据记录的全面准确，同时结合大数据平台与数据可视化技术完成风电机组远程监测系统的开发。开发完成后的工业数据智能平台主要业务界面如图2-6、图2-7所示。

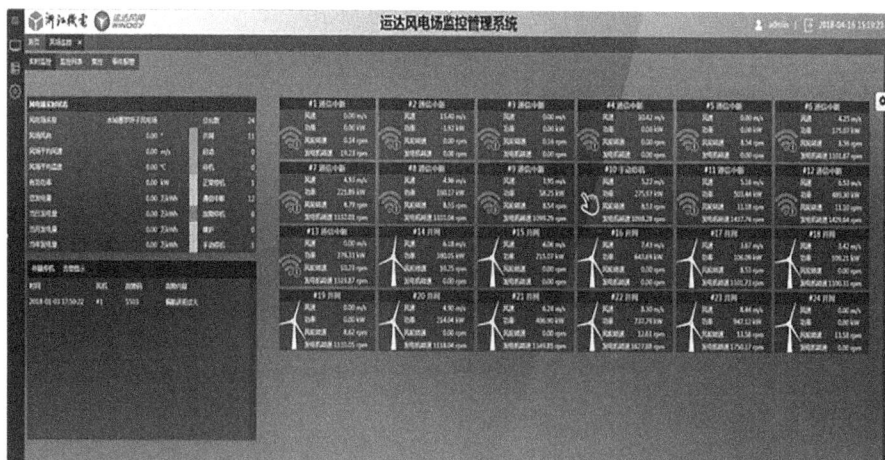

图 2-6　数据智能平台风电场监控主界面

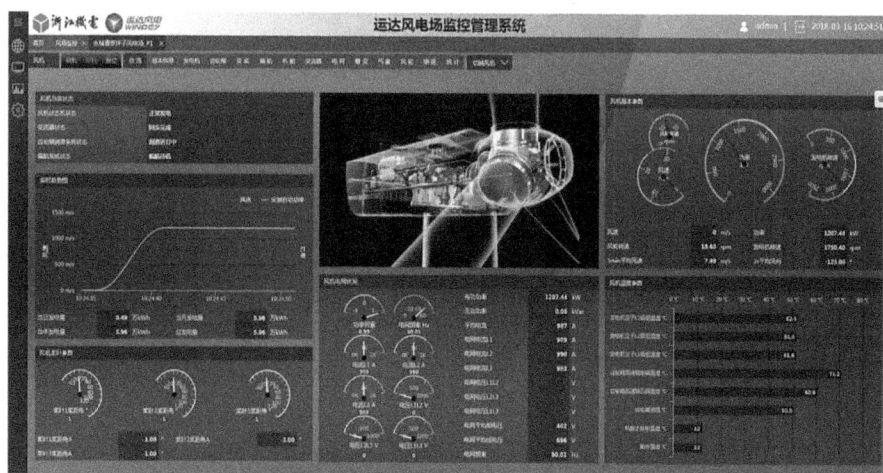

图 2-7　数据智能机组监控主界面

从风电场的数据可视化研究角度来看，该项目主要依据风电数据的可视化系统需求，使用 B/S（浏览器 / 服务器）总体技术设计架构，具体采用了 JAVA 语言开发后端，页面采用了 HTML+CSS 的技术，从用户交互角度出发对于整个系统进行合理的设计，并综合考虑用户的使用习惯等。该项目采用了分层架构设计方法，让整体可视化功能层次化、模块化、结构化。系统由客户端和服务器两部分构成，服务器负责完成数据的采集、数据的传输、业务的逻辑处理等；客户端通过浏览器对三维的场景进行渲染、信息的查看及业务逻辑的使用。该项目可视化系统的物理架构设计如图 2-8 所示，运营平台可视化界面及风电场信息系统可视化界面如图 2-9 所示。

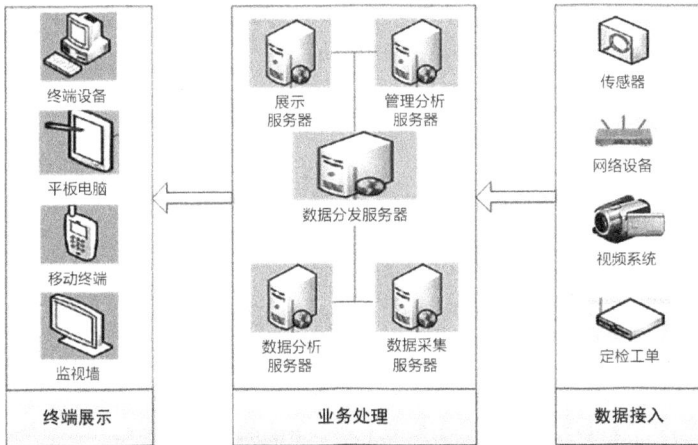

图 2-8　可视化系统物理架构

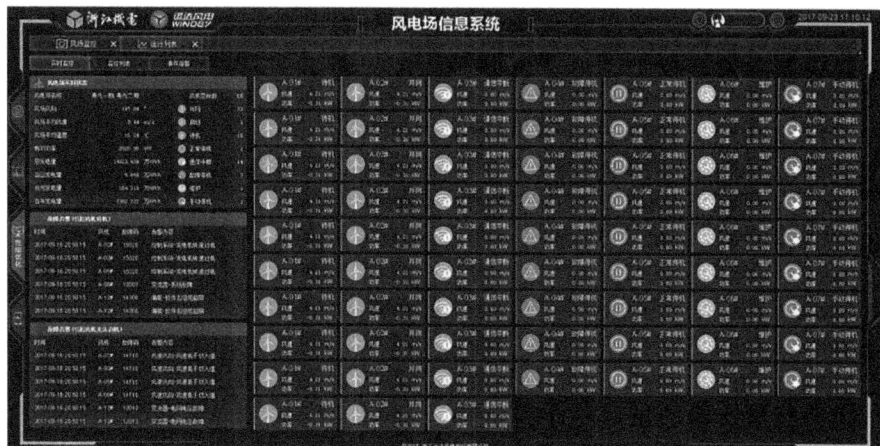

图 2-9　风电场信息系统可视化界面

3. 风电机组质量分析预警系统

浙江运达风电股份有限公司基于实际应用需求，将风电机组质量分析预警系统分为智能故障诊断、智能故障预警两个子系统分别开发。

智能故障诊断技术研究主要是结合历史故障、历史处理经验及关联分析模型，建立起故障诊断专家知识库，通过知识库可以实现故障的归类和精准定位。在相关研究中，项目组通过知识获取、知识表示以及专家推理三步实现风电机组专家系统的核心——专家知识库构建工作。基于 2015 年至今多个风电场共计 9000 多条运维记录，基于不同故障模式构建故障树，最终构成故障诊断专家知识库，图 2-10 为风电机组基础和塔架故障树示例。专家诊断知识库支持故障节点和故障原因的自动扩展、持续的低概率节点剔除，实现故障树的自学习和自生长，保证故障处理的精确性和可持续性。

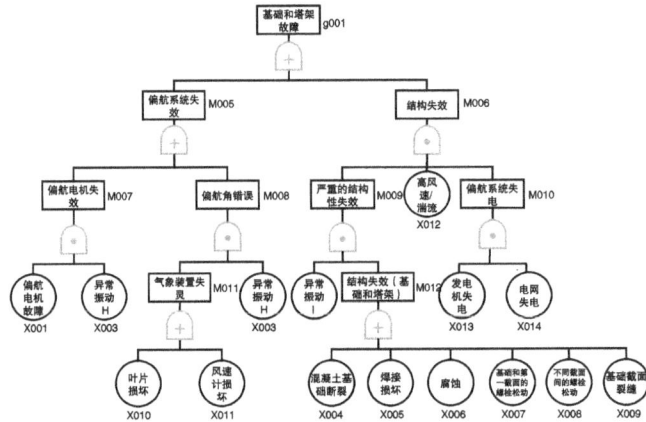

图 2-10　风电机组典型故障树示例

　　智能故障诊断系统的集控主界面如图 2-11 所示，图 2-12 为系统中专家知识库故障树结构展示效果，树中关联了每种故障原因的解决方案。该系统包含超过 200 个故障诊断模型，根据示范风电场的反馈结果，故障覆盖率高于 98%，100% 覆盖风电机组的 PLC 故障和人为已识别的故障，平均故障诊断准确率高达 95%。专家知识库依赖于不断地自学习，使得诊断的准确性不断提高。

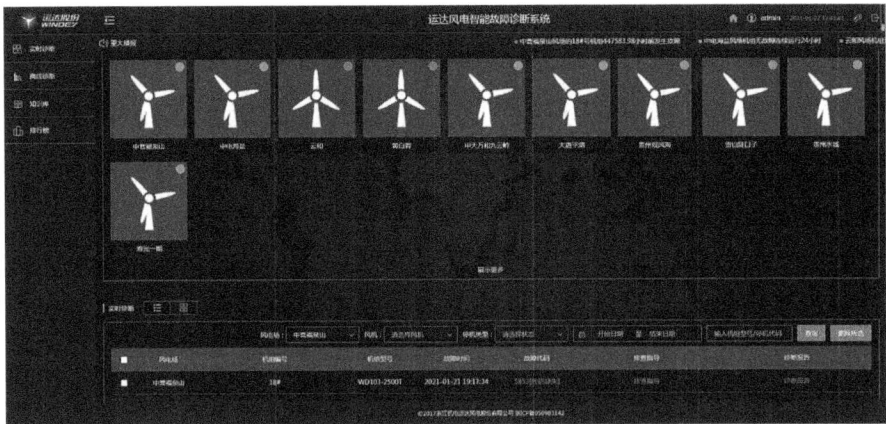

图 2-11　智能故障诊断系统主界面

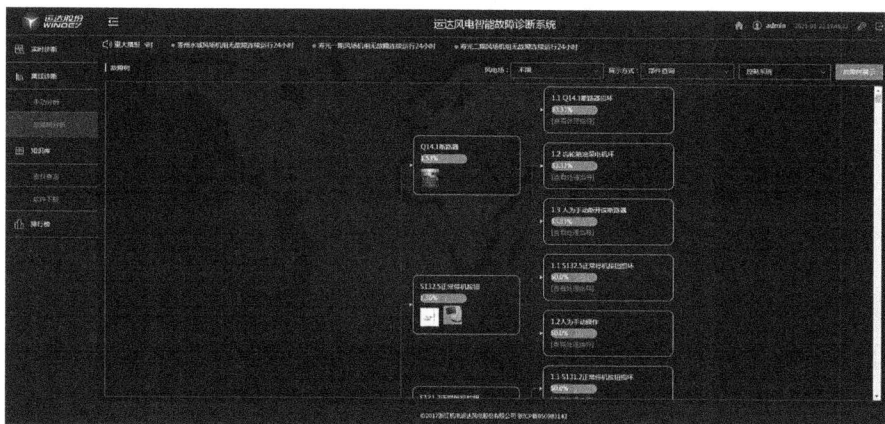

图 2-12　智能故障诊断子系统中的故障树展示效果

　　智能故障预警技术基于历史数据和部件的故障机理分析，结合一些深度学习等先进数据分析手段，建立相应的故障预警模型，能够辨识故障发生前的征兆信息，实现故障报警的功能。针对与传感器参数相关的故障预警系统，项目组设计了基于深度网络 DA-RNN 的模型检测机制，用来进行故障辨识；针对非直接与传感器参数关联的预警系统，设计了基于故障严重程度和故障序列的"故障/正常"标签。

　　风电机组大部件故障涉及多个传感器数据，内在的机理错综复杂，受限于现有的数据采集情况和传感器布置，无法利用单一传感器参数作为故障的发生指标。所以，对于一些和监测参数相关的故障特征，项目组采用集控参数的方法，对风电机组目前的一些状态监测参数进行预测跟踪，通过实际测量值和预测值之间的残差大小进行预警；基于事件发生的故障预警技术，采用机器学习和人工智能算法，实现对故障事件概率的预测。这种方法突破了传统预警建模方法仅仅关注到特定传感器数据的弊端，利用故障作为宏观事件标签给予模型更多的可能性，可以解决变桨轴承磨损、叶片结冰以及叶根螺栓断裂等重大且常见的风电机组故障预警问题。

与此同时，运达集团创新性地完成了基于机器学习和深度学习的机组叶片异常智能检测技术的研究。风电机组的叶片长期在环境恶劣、风能大、海拔高的环境工作，容易产生砂眼、磨损、裂纹、鼓包、点蚀等问题。叶片的异常如果不能及时被发现可能导致叶片最终断裂，造成安全事故和巨大经济损失。目前对于风电机组叶片的维护检测主要采取定期维护和人工巡检，维护成本较高。项目组通过无人机拍摄机组叶片工作状态的图像视频，采用机器学习和图像处理方法算法，智能提取故障图片或视频中叶片故障帧，识别故障区域，有效提高了叶片故障识别的效率，快速实现了风电场机组叶片的健康预警和状态检测，优化了整套维护方案。

故障预警子系统的界面如图2-13和2-14所示。运达集团已经在38个风电场部署运行，在主动运维、故障发现方面产生了巨大作用。在该项目中，运达集团总共完成了多达51个故障预警模型的开发，覆盖变桨系统、偏航系统、发电机、变流器、主轴承、齿轮箱、性能监测需求以及辅助润滑冷却系统等在内的风电场主要频发故障的大部件；实现了机组故障预测性的主动预警，在考核期间两个示范风电场预警的准确率分别达到87%、82%。

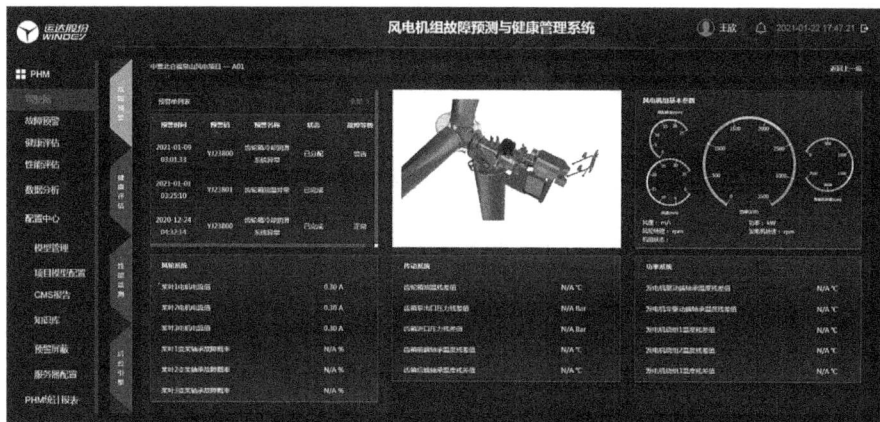

图 2-13　故障预警子系统机组界面

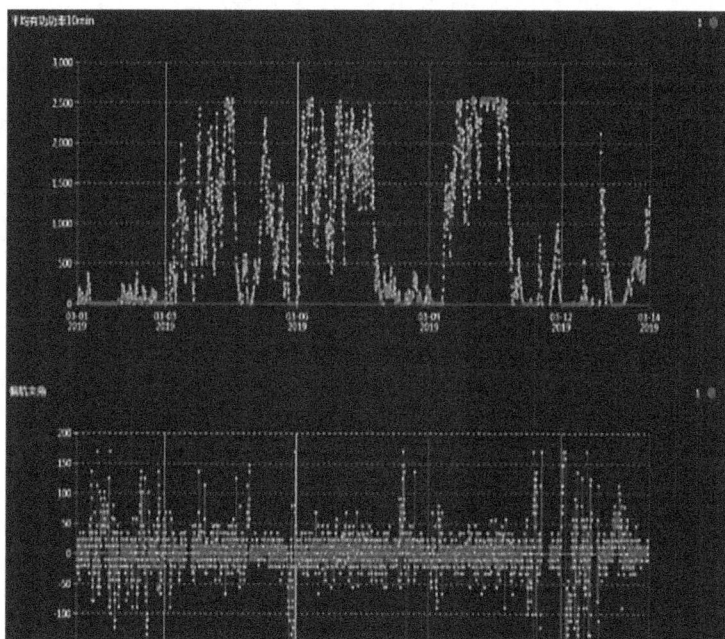

图 2-14　故障预警子系统预警信号分析界面

两个示范风电场的具体信息如下：

示范风电场一：

图 2-15 是中营北仑风电场运维监测主界面。中营北仑福泉山风电场总装机容量 45MW，装机情况为 18 台运达 2.5MW 风电机组。2019 年 12 月份完成整套风电场质量分析预警系统部署，以 2020 年 1 月—11 月为考核周期，各项性能指标如下：

图 2-15　中营北仑风电场运维监测主界面

（1）故障诊断专家的知识库完成故障的全部覆盖，总覆盖率为 100%，故障诊断准确率达 96%；

（2）故障预警准确率达 87%；

（3）机组可利用率达 99.6%；

（4）与 2019 年同期相比，故障停机时间减少 25%。

示范风电场二：

图 2-16 是中天万和九云岭风电场运维监测主界面。中天万和九云岭风电场总装机容量 52MW，装机情况为 26 台运达 2.0MW 风电机组。

2019 年 11 月底完成风电场质量分析预警部署，以 2020 年 1 月—11 月为考核周期，各项性能指标如下：

图 2-16　中天万和九云岭风电场运维监测主界面

（1）故障诊断专家的知识库完成故障的全部覆盖，总覆盖率为 100%，故障诊断准确率达 95%；

（2）故障预警准确率达 82%；

（3）机组可利用率达 99%；

（4）与 2019 年同期相比，故障停机时间减少 30%。

（二）华润电力公司风电制造智能仓储管理系统

风电场库存管理在风电场运维方面扮演着不可或缺的重要角色。随着风电场建立之后时间的推移，风机各个组件逐渐老化与超出保质期限，备品备件处理系统需要迅速响应，否则轻者会出现风机发电功率受损导致产出低下；重者则会引发风电机组停机、故障，甚至倒塌，从而酿成人员伤亡与经济损失的双重惨剧。

另外，简易、非动态传统的仓储管理系统由于所存物资的库存量较大、物资的流程跟踪艰难、资源和系统的周转效率低下、人力成本较高、物流管理的手段和信息落后等一系列缺点，已经无法适应目前的仓储管理需求，因此亟须破除传统的仓储管理模式，积极探讨新的信息管理技术。这就要求企业在适应企业原有管理流程的基础上，构建新的仓储管理信息化系统平台，协调各个环节的运作，保证及时准确的进出库作业和实时透明的库存控制作业，合理配置仓库资源、优化仓库布局和提高仓库的作业水平，提高仓储服务质量，节省劳动力和库存空间，降低运营成本，从而增强企业市场竞争力。

随着工业智能模式的开展，风电场运维管理自动化、智能化、数字化已逐渐成为互联网时代的大趋势。

1. 智能仓储管理系统技术依托

（1）智能仓储管理系统

互联网背景下的智能仓储管理系统（Intelligent Warehouse Management System，IWMS）基于物联网技术将系统分为三层。第一层被称为感知层，它解决了物理世界和人类社会的数据得到问题，主要包括各类传感器和传感器的网关，是数据的承载体和数据采集的终端。第二层被称为网络层，它是为了解决感知层获得的数据处于一定范围，尤其是因为长距离传输时的问题，完成了数据的接入和数据传输，进行了信息的交换、数据通路传递。最后是实际应用层，主要包括中间件的技术、云计算、大数据、物联网业务安全架构。

（2）无线射频识别技术

无线射频识别技术（Radio Frequency Identification, RFID），是新型

信息技术的一种，用来实现数据和信息不接触的快速传送。当前背景下 RFID 已经广泛应用在 RFID 防伪溯源、RFID 仓储物流和供应链管理、生产制造等领域，给上述领域带来了全新的技术革新，尤其对于 RFID 的智能仓储系统。由于本身的技术特性，RFID 极大提高了物流信息采集与物流作业效率。

RFID 是非接触式自动识别的技术，主要通过射频信号自动识别，过程中不需要人工干预，可以用于恶劣环境；RFID 具有可识别高速运动的物体的能力，并可同时识别多个标签，操作便捷，极大提升了整个现场运营的效率；RFID 数据的存储量大，且拥有高速读写能力，以保证数据的随时更新和读写；除此之外，RFID 的体积较小，容易封装，可以轻易嵌入集控产品内，而且其拥有专用的芯片，携带外界难以复制的序列号，因此可以保证备件管理的安全性。

RFID 经过了多年的发展，无论技术还是应用水平，在国内外均取得了长足发展。尤其在仓储物流领域的应用方面，由于智能 RFID 仓储管理系统标准完善、技术及应用成熟度高，以及管理应用成本逐步降低，正在成为现代仓储物流的标准应用技术之一。近年来在国家的政策支持和大力推动下，物联网已经在包括制造业在内的多个领域取得很大发展，并逐渐成为解决企业生产、制造、仓储、物流等多个环节中信息化管理难题的必然选择。

2. 智能仓储管理系统的现实应用

建立智能仓储总的目标是实现物流的管理和数据的管理，华润电力公司采用 RFID 和条码识别相结合的自动识别技术来进行现场数据的采集，并且与其公司的 ERP、EAM 系统进行集成，用以实现仓库管理的无纸化、智能化、数据化、精细化、一体化的监管，提升整个现场备品备件的管理效率。

基于物联网三层架构并充分考虑风电制造行业的特殊性，华润电力公司将其智能 RFID 仓储管理系统体系分为四个层级，分别为仓库物理层、采集与交互层、数据服务层与企业应用层（见图 2-17）。

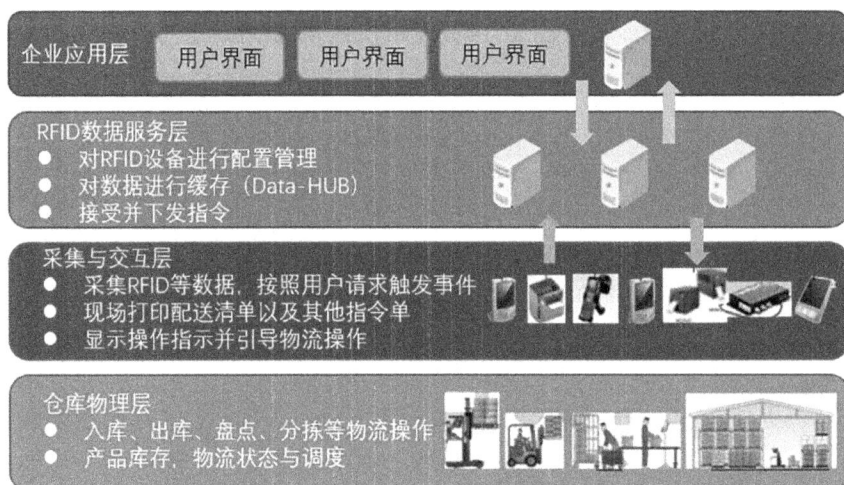

图 2-17　智能 RFID 仓储管理系统体系

仓库物理层：

物理层有现场作业、库位、仓库、叉车、托盘、货物等等。现场作业包括入库、出库、盘点、分拣、移库、调拨、拆分等。具体入库方面，华润电力公司采用从 ERP 接收采购订单的方式，将入库任务下发到 RFID 手持终端，同时将货物信息写入标签；在领料出库方面，首先在 ERP 里建立领料单，自动按照备件的进出顺序实现先进先出，通过扫描标签出库。库存管理通过与 ERP 同步库房、货位、备件数量，可顺利查询备件的位置、备件的数量以及备件出入策略。RFID 仓库管理所有有效库位（库区），按托盘要求安装 RFID 电子标签，以实现单个库位（库区）托盘的精细化管理。

采集与交互层：

含有各类现场的数据采集以及和用户进行交互的设备，主要有手持终端、RFID 的固定模式阅读器等。它们主要为用户提供操作指引、现场实时数据采集、数据录入等。华润电力公司在现场采集与交互的手段主要分为两种：其一是手持终端，主要完成盘点、领料、退料相关的工作，并且可以完成备件的借用、归还和溯源，实现仓库的管理；其二是 WEB 客户端，用以完成借用归还统计、出入库统计、备件的全生命周期管理，与 ERP 系统进行实时交互，避免人员重复录入信息，以规范业务操作。

数据服务层：

对智能仓储管理系统里的 RFID 设备和其他设备进行 RFID 仓库管理、数据收集、缓存和数据过滤、控制指令和相关数据的收集与分发等等。

企业应用层：

提供调度 RFID 叉车管理系统、远程管理服务中心的软件用户管理交互界面，同时也提供报表的管理和数据的查询服务。RFID 叉车管理系统中心对仓库及货物的计划制订、管理控制、数据监控等均通过企业应用层提供。同时，企业应用层集成了高层级仓储管理策略规则，其中包括收货规则、上架策略、波次策略、拣货策略、补货策略、预测策略等多策略模块，通过数据服务层提供的数据服务，进行全生产过程的策略调度。

综上，智能仓储管理系统完整实现了以下四个重要功能：

第一是数据采集智能化。通过手持终端来管理，员工可以迅速了解目前库存的状况以及备件部位的信息。

第二是库房的智能化管理。主要通过备件的批次管理和有效期管理，实现备件先进先出，达到备件综合管理。

第三是智能化设备跟踪。RFID 是全球唯一的用于对风机高值设备和部件进行全生命周期管理的系统。

第四是智能化安全。出库时红外探测会进行双向的认证，来保证具有特定权限的员工完成程序审批流程之后才能进行备件和工具的出库，否则将进行安全报警和记录。

智能仓储管理系统采用了 RFID 系统框架，通过无线射频的识别技术开展了仓库的现场业务和管理，最终完成了备件的全生命周期管理，涵盖了包括从备件采购到使用的全生命周期管理。数据智能与企业仓储管理活动的融合使传统的仓储管理活动被激发出巨大活力。

（杨秦敏 浙江大学博士生导师，浙江大学控制科学与工程学院教授）

高峰按：

近年来，随着信息化和科技工业化研究的不断深入，人们提出了基于智能技术的生产理念，并在全球范围内开始了新一轮的智能工业革命。众所周知，发展国内制造业是提升国家综合能力和国际竞争力的重要途径。我们看到，在物联网、区块链、人工智能、云计算等技术不断发展的背景下，传统工业企业的"痛点"有了新的解决思路，即进行数字化改革，实现智能制造。工业数字化转型也面临工业数据资产管理滞后、数据资源不丰富、数据应用还不深入、数据孤岛普遍存在等诸多难题与挑战。工业 4.0 充分整合和优化了现实和虚拟世界的信息、人才和资源，致力于打造出具有更高灵活度、更高利用率的"智慧工厂"，最终实现制造、分销、零售到产品开发、采购，以及终端的客户连续、信息传输。工业 4.0 贯穿整个商业的"数字线程"，提高了信息透明度，降低了运营成本，使得产品达成高度的个性化，催生出灵活高效的制造与产品的开发流程，促进了新商业模式的发展。新一轮的工业革命将给生产方式、生活方式、组织结构带来巨大变革，需要我们抢抓机遇，沉着应对，助力中国制造成功转型"中国智造"，迎来中国工业美好的明天。

CHAPTER 3

第三章

智慧能源场景：
为"双碳"战略贡献数字力量

作为继农业经济、工业经济之后的主要经济形式，以数据为核心生产要素、以数字技术为驱动力的新生产方式在能源领域的应用将助力碳达峰、碳中和远景目标的实现。

按照党中央、国务院决策部署，国家发展改革委组织编制的《中华人民共和国国民经济和社会发展第十四个五年规划和 2035 年远景目标纲要》（以下简称《纲要》）指出："我们要发挥数据的潜能，加快经济社会以及政府建设的数字化改革，迎接数字时代的到来。"作为继农业经济、工业经济之后的主要经济形式，以数据为核心生产要素、以数字技术为驱动力的新生产方式在能源领域的应用将助力碳达峰、碳中和远景目标的实现。

当前，我国正处于能源低碳转型爬坡攻坚期，能源结构偏煤和能源效率偏低的矛盾依然突出。能源系统数字化是降碳减排的重要支撑条件，据官方统计数据，2020 年我国能源消费产生的二氧化碳排放占二氧化碳排放总量的 85%，约占全部温室气体排放的 70%。因此，深度减排需重点关注能源行业的低碳转型，而数字技术在能源的生产、消费、交易、存储、管理等链条和环节的广泛应用能够显著削减经济活动的碳排放强度和总和。

浙江省正在积极推进数字基础设施绿色发展，明确提出统筹布局大数据中心、5G 网络等新基建项目，加强新基建设施节能管理，制定强制性能效标准。鼓励分布式能源在数据中心项目中的应用，提升数字基础设施能效水平。提升基础设施智能化水平，推进整体智治设施、生态环境设施智能化、交通物流设施智能化、绿色建筑设施智能化、清洁能源设施智能化、幸福民生设施智能化等建设行动。以"工业大脑"、未来工厂等为核心，推动产业数字化，加快工业互联网、卫星互联网、物联网基础设施等建设，打造工业互联网国家示范区。杭州市作为浙江省数字化改革高地，前瞻性地提出推动实施数字赋能发展工程，利用数字技术提高能源利用效率，提高原料利用效率，优化循环利用体系，推动资源集约共享。

浙江省能源系统碳达峰、碳中和科技创新行动从以下五个方向进行：推进可再生能源替代传统化石能源、发展零碳能源技术、零碳转型和流程重塑、低碳技术集成与优化、碳捕获、利用与封存（Carbon Capture, Utilization and Storage, CCUS）转化应用与碳汇。其核心是节能提效，实现工业减排，实现生产和消费领域的"双碳"目标。

一、"双碳"战略与综合能源建设

在"双碳"战略目标和数字中国的背景下，"能源绿色化""能源数字化""能源智能化"的协同成为《纲要》下能源产业领域的主旋律，主要体现在风光氢等可再生能源的并网、能源企业数字化运营、能源网络数字化集成、能源系统云端统筹优化等方面（见图 3-1）。在这个过程中，能源的供给与需求的路径和条件在不断发生变化，更经济、更清洁、更个性化、更碎片化的能源蓝图正在绘就。相信在可预期的未来，依靠蓬勃发展的智能技术，定能实现能源的智慧管理和定制化的能源服务，能源行业将获得广阔的发展空间，参与的企业将获得更好的发展机遇。

图 3-1 面向"双碳"战略的新型能源系统

（一）数字化改革与能源产业变革

1. 能源互联网的提出和发展

　　能源行业转型已经走到十字路口，面临着资源紧张、效率低下、区域发展不均和环境污染等严峻挑战，为应对这些挑战，美国著名经济学家杰里米·里夫金在《第三次工业革命》中提出能源互联网的概念："我们需要创建一个能源互联网，让亿万人能够在自己的家中、办公室和工厂里生产绿色可再生能源。多余的能源可以与他人分享，就像我们在网络上分享信息一样。"

　　能源互联网在现有能源结构的基础上，将各种能源设备和装置组成的节点关联起来。深度结合信息和能源管理技术，实现能源的高效转化和共享利用，有效利用可再生能源要素，构建新型的能源体系，推动我国能源革命的稳步推进。能源互联网构建了良性的市场竞争机制，与能源消费者进行实时互动，推动能源市场开放和产业升级，有效提升能源经济的综合效益。《国务院关于积极推进"互联网+"行动的指导意见》指出，能源互联网提供了一个竞争和互动共存的能源交换和共享平台，以智慧能源技术为抓手，结合互联网的信息化手段，将绿色低碳作为根本宗旨，建立安全的现代化能源体系。我国是公认的能源大国，化石能源消费在能源经济中占了庞大的份额，有效推进能源领域的供给侧改革，从根本上促进能源经济的提质增效，向能源强国转变，是未来大战的重心。能源互联网的提出给能源产业的发展注入了新的活力，但目前的技术和产业模式处在探索阶段，相关设备和制度体系还不完善。为推动能源互联网的发展，我们要突破智慧能源关键技术的研究，开发能源互联网的综合管理平台，开展重点区域的试点示范建设，加快实际应用的落地。构建能源市场经济的体系和规范配套制度，完善技术标准，理清能源互联网市场主体盈利的商业逻辑和其间的交互关系，完善市场配置资源的机制，将有力支撑能源生产和消费革命。

2. 数字化改革助力能源产业转型

数字经济作为继农业经济、工业经济之后的主要经济形态，其以数据为核心生产要素、以数字技术为驱动力的新生产方式在能源领域的应用也将助力碳达峰、碳中和远景目标的实现。因此，数字化改革将成为我国能源行业转型、实现"双碳"战略目标的关键途径，具体可细分为三部分。

第一，实现资源集约共享。

利用数字技术推动资源集约共享，以共享经济理念探索推进共享制造、共享产业链平台建设，完善新兴产业制造配套体系，提升传统产业集约制造能力，打造共享制造产业园、超级云工厂，发展高效集约的制造新模式，实现能源与产业协同优化。

第二，形成能源交易体系。

建立基于能效技术标准的用能权有偿使用和交易体系，探索开展跨区域交易。利用数字化平台加快碳市场建设，建立碳排放配额分配管理机制，推动建立碳汇产品交易市场。实施城市能源大数据工程，建立覆盖电、煤、油、气等能源品种，农业、工业、服务业三大生产领域的集成融合数据库。

第三，开发智慧能源系统。

积极开展"互联网＋人工智能＋能源"的智慧能源系统的研发，推进能源网络与物联网之间信息设施的连接与深度融合，全面建成"城市大脑"能源板块驾驶舱系统。实施多能互补集成优化工程，鼓励建设以智能终端和能源灵活交易为主要特征的智能家居、智能楼宇、智能小区和智能工厂，构建以多能融合、开放共享、双向通信和智能调控为特征，各类用能终端灵活融入的微平衡系统，全面建成分布式供能、智能化调控、能源梯级利用的泛能大网。

（二）能源数字化改革趋势：智慧城市能源大脑

城市大脑旨在依托数字化和人工智能技术，发掘城市发展的潜力，推动城市治理和建设的智能化和现代化。能源系统是城市基础设施的重要组成部分，构建城市能源大脑，对促进城市智能化全面发展具有重要意义。

1. 智慧城市能源大脑应运而生

城市是"双碳"目标实现的最大应用场景，智慧城市建设则成为"双碳"战略全面展开的强有力抓手，智慧城市建设的顶层设计应包括智慧能源。

随着城市规模的逐渐扩大，城市能源系统的规模与复杂度也不断升级，供给侧可再生能源的大量接入以及分布式能源的部署，需求侧对于按需响应的关注度提高，随之而来波动性与不确定性都对城市能源系统的调控造成了巨大挑战。传统的能源管理方式难以支撑不断趋向复杂的综合能源系统的运行。

城市综合能源系统的数字化发展核心是各环节的数据资源整合，用以解决传统能源不协调、不灵活的运行调控难题。建设智慧城市能源大脑不仅能够有效消纳可再生能源，将电、煤、油、气、热、水等纳入大数据管理，保障居民生活能源需求，同时也通过城市能源系统的数字化转型在各种生活场景实现多能互补、能源梯级利用以及关键场景的节能减排，对于突发事件，可在线挖掘数据价值，及时评估，高效解决，从而实现能源系统的高效协同优化。

2. 智慧城市能源大脑的愿景

智慧城市能源大脑实现了"源—网—荷—储"的有效互动和实时优化调度，将各个环节的能源信息进行综合管理和互联互通，统筹电、热、冷、气、交通等重要能源流，达到城市和能源系统的有机融合和综合效益最大化的目的。城市能源大脑作为"城市大脑"的子系统，综合利用平台的数据，建立跨平台数据共享的终端接口，推动能源结构的清洁低碳、安全高效发展。在城市能源大脑的整体规划中，要灵活运用技术手段，强化能源的管理和监管，针对问题进行专业化的诊断和分析，从能源的时间、空间、数量和品质上进行精细化调控，科学提升能源综合利用效率。在能源的规划和生产方面，开展面向多时标对象的研究分析，实现能量"发—输—配—用—储"各环节、多主体的互动协调。应用大数据智能计算、可视关联分析及复杂环境的实时识别理解等技术，挖掘价值信息并实现知识转化。基于物联感知、数据分析和决策优化的技术路线，达到综合能源系统供能生产调度优化、多能协同互补转化、用能时空动态匹配的调度效果，实现城市综合能源系统的智慧升级。

二、数字化能源技术："基于数字孪生的清洁低碳智慧供热系统"

随着新型能源系统中高比例可再生能源的不断接入，能源系统日益复杂化，内在迫切要求借助"智慧能源"技术实现城市综合能源系统的供需在"量—质—时—空"上的智能匹配，实现能源系统"源—网—荷—储"要素的有序协同。

多能互补、"源—网—荷—储"联动的综合能源系统，需要借助工业互联网更加系统性地实现能源系统的全过程整体优化。智慧综合能源系统是在供热信息化和自动化的基础上，运用物联网技术连接供热系统"源—网—荷—储"各环节要素，建模仿真、大数据等技术构建供热系统的"数字孪生"模型，在城市能源生产、输配、消费、储存的各环节实现数字化精准运维，使城市综合能源系统具有自感知、自分析、自平衡、自优化的智慧能力。

数字孪生是一种集成多物理、多尺度、多学科属性，具有实时同步、忠实映射、高保真度特性，能够实现物理世界与信息世界交互与融合的技术手段。城市能源系统数字孪生体是围绕能源系统全生命周期的数字孪生体开展规划、设计、建造、运维、更新的全生命过程管理，从而实现复杂开放能源系统的定量化、精细化、科学化管理。

"数字孪生"模型采用人工智能寻优框架，能够实时计算出不同工况条件的变化，然后通过计算机软硬件系统的定量推演导出最优调度运行方案，对能源系统的运行策略进行动态规划和调整，支撑能源系统的自主运行（见图3-2）。

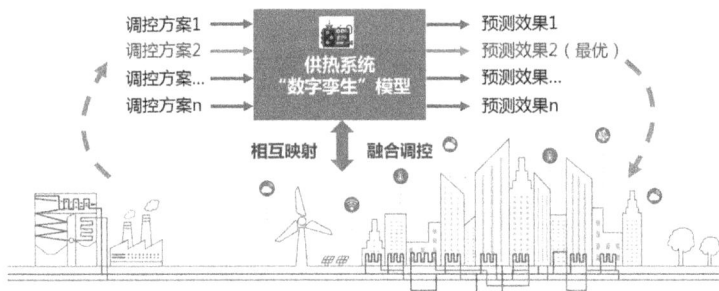

图 3-2　供热系统"数字孪生"模型

　　智慧供热系统的架构主要分为三个层次：物理设备层、监测控制层、智慧决策层。如以城市供热网络为例，物理设备层主要包括热源、热网、热力站、热用户、储热装置等各种供热设备，构成了一个上下游衔接的供热系统，是智慧供热系统的基础。智慧供热系统的建设需要结合设备层的实际技术水平、老旧程度和健康状况。监测控制层包括 DCS、SCADA 等自动化系统和 IOT 工业物联网系统，用于测量和感知供热系统运行的负荷、温度、压力、流量等状态参数，气象环境条件、建筑物室温等，并通过电调泵、阀等设备实现远程控制。基于互联网、物联网、移动通信技术，实现管网感知调控层中设备与分析优化层中应用服务器之间的双向数据传输，并通过数据中心、数据库技术实现海量运行数据的可靠存储。智慧决策层是智慧供热系统的"大脑"和核心，基于一套复杂的软件系统，通过监测控制层获得设备层状态信息，并为监测控制层提供预测调控策略（见图3-3）。对于大多数供热企业，这一层次的系统尚未建设，目前承担该层次职能的主要是由控制人员的经验来进行决策。如果智慧决策层的软件系统足够强大和完善，则可以辅助甚至替代人类专家的决策，实现供热系统的"自主驾驶"——自适应优化运行。

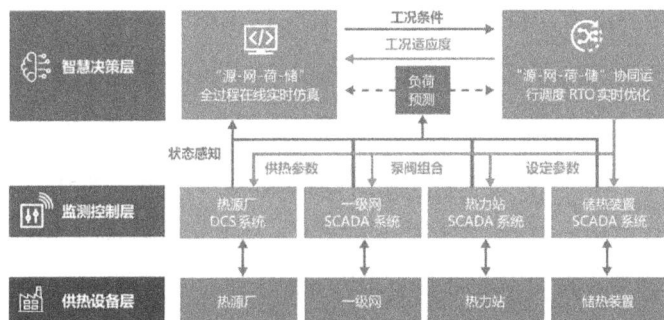

图 3-3　智慧供热系统的技术架构

英集动力 viHeating® 系列"源—网—荷"全过程智慧供热仿真分析及优化调控产品是针对中国国情研发的智慧能源平台软件系统，旨在构建动态自主优化运行的智慧供热调控体系。英集动力目前与北京市热力集团有限责任公司、无锡国联环保集团有限公司、郑州热力集团有限公司等单位合作成功实施北京市科委"蓝天工程""面向能源互联的智慧城市供热系统运行调度平台"等多项重点示范项目。

（一）项目实例：北京热力智慧城市供热系统多源互补协同运行优化调度决策支持平台

1. 项目简介

"智慧城市供热系统多源互补协同运行优化调度决策支持平台"是北京市科委"蓝天工程"重大科技项目，是由浙江大学、常州英集动力科技有限公司与北京市热力集团有限公司共同申请并实施的科技项目。

北京项目示范区热网为多热源联网供热系统，入网面积约3000万平方米，共270多座热力站。由3座热源进行供热，其中2座热电联产热源，分别为行宫线热源（1号热源）与海油线热源（2号热源），3号热源为尖峰热源，为燃气热水锅炉集群供热。

该项目的主要目标是在示范区内自主研发形成一套"智慧城市供热系统多源互补协同优化运行调度决策支持平台"。具体目标是在计算机系统内建立与现实城市供热系统相对应的"源—网—荷—储"全过程仿真模型，面向安全、可靠、均衡、环保、节能、经济多重优化目标，实时优化分析热源侧的负荷优化分配运行控制策略，热网侧的节能、均衡输配的运行控制策略，需求侧各热力站的负荷趋势，以及未来储热装置的规划建设及运行调度策略，实现供热生产全过程协调优化调度运行，并为生产运行人员提供定量化优化运行调度决策方案，推进城市供热系统的智慧化升级。英集动力搭建基于 viHeating® 平台的热网仿真模型，对接自控系统热网运行数据，并建设基于热网模型的桌面端和在线仿真系统，通过仿真计算实现对管网解列方式的优化，对热网实时运行状态的在线仿真，对各热力站、热源用热负荷进行小时级预测，按需供应负荷。同时，系统通过仿真分析，给出未来工况条件下各热力站的调控参数，快速精准调控，实现多热源负荷优化分配、多机组参数优化，给出最优化热生产方案（见图 3-4）。

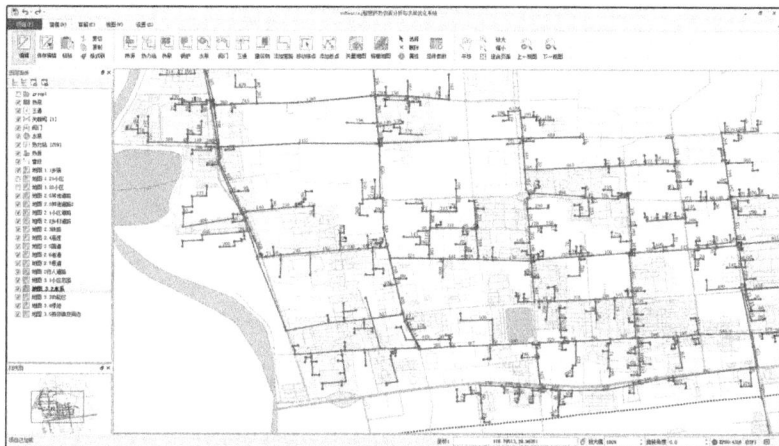

图 3-4 北京热力智慧供热示范区热力管网"数字孪生"模型

2. 项目成效

"蓝天工程"项目实施生成采暖季整体运行预案，辅助运行人员安全投运新建热源，基于阀门调控系统，快速进行热网平衡调控，实现热源、热网侧总节能量 13074 吨标煤，综合节能 5%，使用平台于2018—2019 采暖季产生经济效益 1800 余万元。

（二）项目实例：郑州智慧城市供热系统仿真分析与调度控制平台

1. 项目简介

郑州市热力总公司的供暖面积庞大，投运热力站数量众多，拥有数座热电联产热源配套热网，多座天然气区域锅炉房，加之供热管网规模逐年扩大，系统安全、节能运行的生产压力日益增加，供热疲态日渐显现。英集动力针对郑州市实际情况，研发了基于 GIS 的城市多源联网供热一级管网仿真分析模型，以模型仿真计算为内核，结合机理模型加大数据的方法，通过智能优化算法对负荷分配、热网解列、节能运行、应急抢险等运行调控方案进行寻优，可实现供热系统的设计改造分析、故障诊断报警、调度决策支持和预测性调节控制，大力促进了供热系统运行调度、生产维护、扩建改造的智慧化升级，成为郑州市智慧城市供热系统的重要组成部分。

城市智慧供热，核心技术是在线热工水力仿真计算，计算基于模型进行预测分析，进而在多方案的预测结果中形成运行调度决策。项目运用智慧城市供热系统仿真分析与决策优化平台 viHeating® 建立与真实供热管网相互映射的虚拟模型，经过一系列优化分析计算，为现场调度人员提供科学的决策辅助方案，可有效提升对供热管网运行状态的掌控度，提高运行工况预判的安全裕度及能效水平。同时辅助提供精准及时的应急抢修方案，提升热网运行的灵活性和安全性。

viHeating® 智慧供热平台通过连接供热管网中各个泵、阀等调控设备的监测系统和热网关键位置的补充监测设备数据，能够实现对热网运行状态的精准感知与测量，继而结合大数据、人工智能、云计算等新兴技术手段，辨识修正、校准模型，形成实时运行工况下的优化调节方案和故障应急方案。应用 viHeating® 智慧供热平台，将有效降低现有超大型热网调度难度。通过与自动化控制系统相结合，平台基于计算分析快速生成调节方案，最终下发指令迅速构建全网水力平衡体系。

2. 项目成效

viHeating® 的落地实施有助于郑州市热力总公司更为全面地掌控供热管网的运行状态和能耗波动情况，及时发现并告警全网的安全隐患问题，全面精准地进行故障排查，构建具有自感知、自分析、自诊断、自优化、自调节、自适应特征的新一代智慧热网。项目建立了全市的热网仿真模型（见图3-5）和安全运行应急预案库，提高了热网运行调控和改扩建规划能力；管网压力下降达60%，有效降低运行风险，提高了管网安全性与可靠性。目前项目已经落地郑州，并在郑州市热力总公司所辖城区供热范围内展开了规模示范，成效初显（见图3-6）。

英集动力与郑州热力携手共同打造的"智慧城市供热系统仿真分析与调度控制平台"被评为住建部2018年科技示范工程项目（信息化示范工程）之一。项目的顺利实施和成功验收，有效推动了郑州市热力总公司的信息化建设进程，显著提升了城市供热系统运行的智慧化、自动化水平，有力地保障了城市供热系统的安全、可靠、环保、舒适、经济运行，并为我国智慧城市供热生产发挥了积极的引领和带动作用。

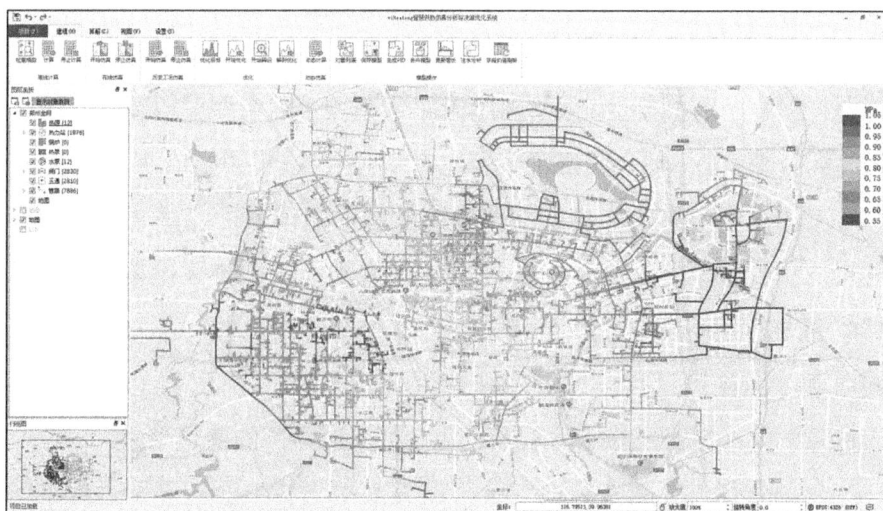

图3-5　郑州市供热系统——基于"数字孪生"的热网仿真模型

图 3-6　郑州市供热系统——热用户供热质量分布云图

（三）能源数字化改革案例：工业园区智慧能源系统

1. 项目简介

《工业绿色发展规划（2016—2020 年）》指出，要优化工业结构和区域布局，加快形成以工业园区为载体的绿色集约化生产方式，提升工业能源效率。其中园区系统节能改造建议开展风能、太阳能等分布式能源，提高园区可再生能源使用比例；实施园区绿色照明改造，建设园区能源管理中心；加强园区余热余压梯级利用，推广集中供热和制冷。

工业园区和集中供热是中国体制优越性的体现，能显著提升能源利用的综合效率，降低单位 GDP 能耗，推动基于系统优化集成、能源梯级利用的循环经济发展。钢铁、化工、纺织等行业均为高耗能行业，同时其工业生产过程中不可或缺的生产要素是稳定高效的蒸汽供应，因此蒸汽管网的安全稳定运行是工业园区高效生产的前提条件。

为保障蒸汽管网安全稳定运行，英集动力将工业互联网、数字孪生模型、大数据分析、云计算、人工智能等前沿技术嵌入智慧供热生产管理与运行调度平台，为工业园区热网管理提供安全、高效、便捷的解决方案。

2. 项目成效

当前，我国化工园区规模效应明显，全国已形成石油和化学工业产值超过千亿元的超大型园区 17 家；产值在 500 亿~1000 亿元的大型园区 35 家，100 亿~500 亿元的中型园区 219 家，产值小于 100 亿元的小型园区 345 家，其中超大型和大型园区产值占比超过化工园区总产值的 50%。《化工园区"十四五"发展指南及 2035 中长期发展展望》显示，"十四五"期间，我国化工园区发展的总体目标是：由规范化发展向高质量发展跃升，打造化工园区产业发展提升、绿色化建设、智慧化建设、标准化建设和高质量发展示范的"五项重点工程"，五大世界级石化产业集群初具轮廓，重点培育 70 个具有一流竞争力的化工园区，打造"5 个 50"，即：建成 50 个园区科创中心、创建 50 家"绿色化工园区"、新建 50 家"智慧化工园区"、制定并颁布 50 项化工园区管理与建设标准和培育 50 项高质量发展示范工程。

三、数字化能源技术："基于数字孪生的工业园区智慧蒸汽系统"

工业园区智慧蒸汽系统是在工业园区生产信息化和自动化的基础上，运用工业物联网技术连接供热系统"源—网—荷—储"各环节要素，运用建模仿真、大数据等技术构建供热系统的"数字孪生"模型，借助模型预测等人工智能技术统筹优化工业园区综合能源系统，构建具有自感知、自分析、自诊断、自优化、自调节、自适应智慧特征的新型低碳蒸汽系统。

智慧蒸汽系统是对以蒸汽为生产要素的工业工艺过程的全生命周

期的数据、模型及分析工具的集成系统。基于数字孪生技术，围绕蒸汽系统的数字孪生体开展规划、设计、建造、运维、更新的全生命周期管理，从而实现复杂开放能源系统的定量化、精细化、科学化管理（见图3-7）。

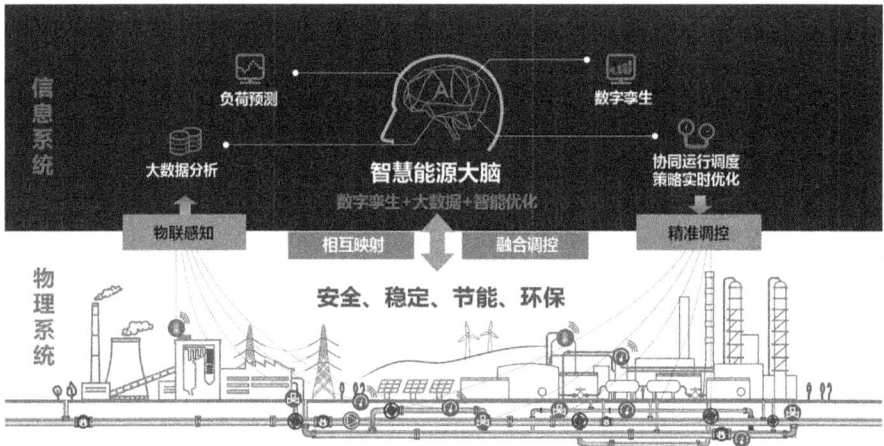

图3-7 智慧供热生产管理与运行调度技术路线

英集动力自主研发的 viHeating® 智慧蒸汽系统的架构主要分为三个层次：物理设备层、监测控制层、智慧决策层。基于工业工艺过程及蒸汽消耗需求，以"结构机理＋数据辨识"构建的模型为内核建立的智慧蒸汽系统通过监测控制层将工艺生产及工厂运行数据实时传输至智慧决策层，开展全过程在线实时仿真，运用仿真结果进行"源—网—荷—储"全过程实时优化。同时，智慧蒸汽系统通过周期性的智能运行，对负荷分配、热网解列、节能运行等运行调控方案进行寻优，使系统保持对天气、燃料、需求、设备、技术等工况变化的适应性，持续保持安全、高效、低耗、环保的最优工作生产状态，实现蒸汽系统的调度决策支持。此外，智慧蒸汽系统还可以实现故障诊断、应急抢修、辅助扩建改造等的生产决策信息。

英集动力目前与上海化工区、浙能绍兴滨海热电、泰州金泰环保热电等多家单位实施"智慧蒸汽生产管理与运行调度平台"等多项重点示范项目。

（一）项目实例：上海化学工业区蒸汽热网

1. 项目简介

上海化学工业区是亚洲第一化工园区，园区集聚了国内外众多在国际上有影响力的化工企业，包括 BP、BASF、BAYER、三菱化学等世界著名化工公司。由于化工企业的特性，各家企业对蒸汽的需求有着极高的要求，本着节能、环保和资源循环利用这一原则，上海化学工业区采用了集中供热这一模式。上海漕泾热电有限责任公司（以下简称"漕泾热电"）和上海上电漕泾发电有限公司（以下简称"上电漕泾"）是园区仅有的两家热电联供企业，作为热源单位共同承担了园区内所有用户的蒸汽供应，其中漕泾热电拥有两套先进的燃气蒸汽联合循环机组，上电漕泾拥有两台 1000MW 蒸汽发电机组。所有蒸汽通过园区内蒸汽管网即热网输送到各家企业。整个园区内的管网由漕泾热电负责规划、建设和运行管理。

上海化学工业区热网是一个拥有着多热源、多用户、多工况以及环网结构的复杂多变热网，园区内各家热用户的生产工艺和生产装置不尽相同，两家热源单位的发电工况和设备也各有特性，使得热网的运行呈现出多样性、复杂性，并直接反映在管道内蒸汽流量、温度和流速的无序变化，进而导致管网运行的安全性不受控，向用户供热的可靠性和合同参数无法得到保证；管网运行的经济性不受控，各项经济指标和运行参数偏离设计。以上因素大大增加了热网管理与运行调控的难度。

在这种形势下，有必要根据上海化学工业区集中供热系统目前的实际状况，开展热网智慧化的专项建设，提高热网的数字化运营和管理能力，汇集产、学、研、用等多方面力量攻克热网的效益难题，解决新经济产业环境下热网面临的安全性、稳定性、经济性和节能环保等问题，构建全信息化的智慧热网体系，这也将是智慧城市建设的亮点部分。

2. 项目成效

2016 年 8 月，英集动力智慧工业供热平台开始实际应用于上海化学工业区的蒸汽热网，并实现了多项效益：支撑了区蒸汽热网规模的不断扩大，成为供热生产规模和效益快速增长的助推剂；采用智能化生产管理模式，从降低网损、提升供汽品质等多方面支持了系统层面的统筹优化运行；对蒸汽环网的水击风险进行诊断与消除，显著提升了热网运行的安全性；实现热网扩建、改建方案的择优分析，提高了热网工程设计建设的科学决策能力。

该项目研发成果通过的专家鉴定意见认为，项目研发的系统创新性强、集成度高、通用性广、易用性好，总体上达到了国际先进水平，在蒸汽热网热工水力系统的在线仿真与停滞故障诊断方面达到国际领先水平。同时，项目成果荣获"2019 年度中国电力科技创新奖一等奖"以及"2019 年度上海市科技进步奖二等奖"，具有较高的行业认可度与推广价值。

（二）项目实例：浙能绍兴滨海智慧供热生产管理与运行调度平台

1. 项目简介

绍兴滨海工业区是亚太地区最大印染纺织行业集散地，也是浙江省首个创建省级生态工业示范园区的开发区（见图3-8）。目前，该工业区内60余家印染企业的用热需求为1700t/h左右，全部由浙江能源集团绍兴滨海热电有限公司（以下简称"滨海热电"）承担，滨海热电的供热区域约48km²，供热半径约6km，蒸汽管网长达64.4km，是浙江省最大的热电联产企业，也是近几年浙江省年度供热量最大的企业，目前在绍兴滨海工业区已形成"两环网、多热源"的供热格局。

图3-8　浙江浙能绍兴滨海热电厂

随着经济发展对供热质量和要求的不断提高，滨海热电面临的生产任务艰巨，迫切需要采用现代化的生产管理技术和模式，以适应集中供热的未来发展要求，应对热网运行安全、节能降耗方面的更多挑战。

2. 项目成效

凭借多年的项目经验和先进的管理平台，英集动力与浙江大学合作，依据滨海热电蒸汽管网的实际情况、运行制度等先决条件，为滨海工业园区量身打造了一套"智慧供热生产管理与运行调度平台"，以SCADA、DCS、物联感知测量系统为基础，基于GIS地理信息系统实现供热设备资产的信息化管理，并在计算机系统内建立与现实供热系统相映射的热能生产、输配、消费全过程仿真模型，进而通过先进的测量与仿真技术实现对热网运行状态的定量分析诊断，面向供热系统运行的安全性、可靠性、供汽品质、节能性等目标开展运行调度方案优化，为运行人员提供建议方案和决策依据，实现大规模供热生产的智慧升级。

（三）项目实例：泰州金泰环保热电"源—网—荷"智慧能源系统

1. 项目简介

江苏泰州金泰环保热电有限公司致力于为泰州国民经济和社会发展提供安全、可靠、优质的热能和电力供应。其供热管网已覆盖泰州滨江工业园区、高港城区和医药高新区，供热管线主管网长达35km，为中海油集团、扬子江药业集团等80家企业提供热源（见图3-9）。

图 3-9　金泰环保热电有限公司

　　由于重要热用户的工艺生产对用汽的连续性和参数要求十分严格，且随着企业供汽量的不断增加，供热系统的安全性、可靠性与经济性也面临更高的挑战：管损、水击风险、热网改扩建缺少科学规划决策支持、负荷调节与分配难度大等。

　　针对上述情况，英集动力为该工业园区设计并实施了"源—网—荷"智慧能源系统解决方案，通过自主研发的 viHeating® 智慧供热仿真分析与决策优化平台（见图 3-10），建立供热系统全过程"数字孪生"模型，实现供热系统自感知、自分析、自诊断、自优化、自调节、自适应的智慧化运行。

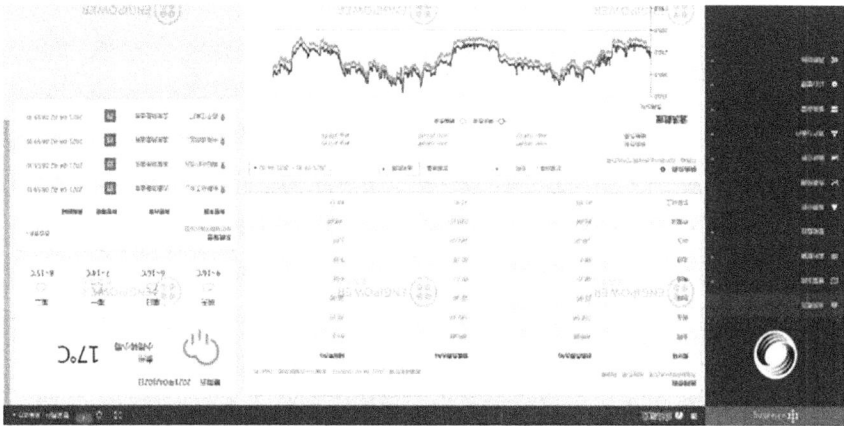

图 3-10 运行优化决策辅助系统

2. 项目成效

该项目的运行不仅解决了江苏泰州金泰环保热电供热管网目前存在的问题，为工业园区用户提供了连续、稳定、可靠的高品质供热，还获得了经济效益、安全效益和社会效益，帮助金泰环保热电实现了智能化升级，提高了工业园区的招商引力。目前该项目一期的智慧热网系统已经进入收尾阶段，同时并行二期的源网协同仿真开发。英集动力应用国内尖端能源管理技术，为金泰环保热电的能源转型助一臂之力，响应碳达峰、碳中和的国家战略。

（钟崴 浙江大学工程博士生导师，浙江大学能源工程学院、工程师学院教授）

高峰按：

我国力争 2030 年前实现碳达峰，2060 年前实现碳中和，实现"双碳"目标，离不开广泛而深刻的经济社会系统性变革，而能源绿色低碳发展是其中的关键，能源行业转型升级是实现"双碳"目标的重要路径和必然选择。当前产业数字化已成趋势，数字技术在能源的生产、消费、交易、存储、管理等链条和环节的广泛应用能够显著消减经济活动的碳排放强度和总和。通过数字化改革助推能源产业变革，是"双碳"目标下能源产业转型升级面临的新机遇和新挑战。钟崴提出，以数字化创新支撑国家"碳达峰、碳中和"战略，基于工业互联网构建能源系统的数字孪生模型，运用人工智能技术研制"能源系统大脑"，可以赋予城市、园区、工厂、建筑中能源系统自感知、自分析、自决策、自调节的智慧能力，从而实现低碳能源系统供需平衡、有序协同的自主优化运行，为中国建设更清洁低碳、更安全高效、更智慧可持续的综合能源系统贡献一份科技力量。

CHAPTER 4

第四章

未来银行场景：
强化科技赋能

在数字化转型中，银行并不是要从 0 到 1 建设一套新的线上运营模式；也就是说，银行不是做"互联网 +"，而是要做"+互联网"。

一、银行数字化转型趋势洞察

（一）银行数字化转型的重要意义

1. 响应时代新发展格局的必然选择

当今世界正经历百年未有之大变局，新一轮科技革命和产业变革深入发展，我国经济由高速发展转向高质量发展，人民群众的生活方式、思维习惯、金融服务需求等发生了变化，而突如其来的新冠肺炎疫情则进一步推动了非接触式金融服务需求增加，数字化转型成为大势所趋。《中华人民共和国国民经济和社会发展第十四个五年规划和 2035 年远景目标纲要》提出，"加快数字化发展，建设数字中国，迎接数字时代，以数字化转型整体驱动生产方式、生活方式和治理方式变革"。

浙江省委书记袁家军也曾强调，数字化改革是新发展阶段全面深化改革的总抓手，也是一项牵一发动全身的重大标志性改革，要进一步准确把握数字化改革的内涵要求和重点任务，体系化规范化推进数字化改革。

袁家军指出，当前的重点任务是加快构建"1+5+2"工作体系，搭建好数字化改革的"四梁八柱"。数字化改革是一个长期的螺旋式迭代过程，应围绕"一年出成果、两年大变样、五年新飞跃"的总时间表，把握好节奏和力度，高质量推进。

金融作为现代经济的核心、实体经济的命脉，只有积极推进数字化转型，才能融入发展大潮。因此，银行要应势而谋、顺势而为，抓住科技创新机遇，加速金融与科技的融合，积极推动数字化转型实践，助力双循环新发展格局构建。

2. 深化供给侧结构性改革的重要举措

深化金融供给侧结构性改革，是推动金融健康发展，适应经济高质量发展要求的重要任务。习近平总书记指出，深化金融供给侧结构性改革必须贯彻落实新发展理念，强化金融服务功能，找准金融服务重点，以服务实体经济、服务人民生活为本。[1]

数字化转型是银行深化金融供给侧改革、提升金融服务质效的重要举措。需求侧方面，客户群体结构的显著变化，导致客户行为习惯发生变革。90后、00后开始成为社会消费的重要群体，他们更愿意通过数字化、网络化的方式获得服务，追求定制化和个性化的产品与服务；供给侧方面，银行传统的网点服务、上门推销、电话营销等无差别金融服务模式已不再受青年客户的青睐，倒逼银行在供给侧加快数字化转型。进一步深化金融供给侧结构性改革是推动金融改革的一大关键点。

---

① 深化金融供给侧结构性改革　助力高质量发展．人民网，2019-10-9.

3. 加速零售侧创新升级的关键动力

数字化转型是银行创新零售板块的关键举措，不仅为金融机构解决了触客的时间和空间的限制，更促使金融机构的业务流程、运营模式、风险管控等更顺畅、高效地运作，帮助金融行业化解发展难题，实现降本、提质和增效。

近年来，银行的零售业务受到经济形式和社会发展等多重冲击，但是凭借数字化转型，银行创造了线上零售业务发展的新契机。首先，互联网金融的兴起和存贷利差的减小均对银行零售业务的发展构成了挑战。为应对此挑战，各大银行在手机银行、网络银行等多个线上渠道发力，运用大数据分析和云计算技术，通过完整的客户画像，精准提供多样的理财产品，实现全流程的线上金融服务，增加了客户的黏性。再者，在突如其来的新冠肺炎疫情中，银行零售业务的数字化转型更是在银行的长期战略发展中发挥了举足轻重的作用。研究预计，疫情消退后一些用户的习惯会被改变，会有 15% 至 45% 的消费者减少对实体网点的造访。而银行零售业务的线上转型将银行服务与多种场景融合，不仅增加了消费者触网的概率，也改变了消费者的使用习惯；调查表明，使用网银和手机银行的用户数大幅增加。可见，数字化经营已成为目前各银行零售转型的关键点。

（二）银行数字化转型面临的挑战

1. 技术升级需要稳中求进

近年来，银行机构不断加快数字化转型，催生了一系列的新模式、新场景，对银行信息系统的技术架构和路径提出了更高的要求。银行转型应基于前瞻性的视角，综合考虑现有架构体系和技术路径，做好架构规划的顶层设计和技术体系的进化升级，适应以用户为中心的敏捷交付、灵活调度和开放互联等新需要。同时，作为国民经济运行的重要基础部门，保障信息系统稳定、业务持续运行始终是银行发展的前提和条件，银行业更要自立自强，不断充实科技力量，提高自主掌控能力，牢牢把握住转型发展的主动权。

2. 敏捷组织体系有待构建

数字化转型需要借助银行业内外的全方位力量，这对银行敏捷组织体系的普适性发展提出了要求。传统组织体系下，部分银行业务存在前中后台协同效率不足、业务科技融合不够、创新合力难以形成的问题。为应对上述情况，银行机构在保障运转稳定顺畅的前提下，应鼓励探索有利于数字科技创新应用、产品服务迭代创新的敏捷型、差异化的组织形式，提高金融产品服务对客户个性化、差异化、多样化需求的响应效率。同时，为适应银行组织敏捷发展的需要，银行也亟须培养一批高端数据建模类人才、数据应用开发人才、数据安全人才和互联网法律人才，以内育外引的方式填补数字人才缺口。

3. 数据治理与应用能力有待加强

数字化转型在推动业务模式创新、提升服务效率的同时，使风险的形态、路径和安全边界也发生了变化，数据安全、隐私保护等问题更为突出并且日趋复杂，这对银行的数字治理与应用能力提出了更高要求。金融科技、数字化、数字化转型的发展，其实并没有改变银行的发展初衷和内在本质，风险防控仍然是行业必须坚守的底线。银行应关注新技术应用背景下的安全风险形态，综合治理、系统施策，防止发生侵犯客户隐私、泄露数据信息等事件。同时，要注重借助数字化手段提升风险防控水平。

二、银行数字化转型的路径和建议

（一）"数据智能驱动"的新零售是银行数字化转型的突破口

在数字化转型中，银行并不是要从 0 到 1 建设一套新的线上运营模式；也就是说，银行不是做"互联网+"，而是要做"+互联网"。银行拥有海量的数据、优质的金融产品，也有非常强大的推荐引擎功能，同时又有着海量的用户，但是数字化转型却依然困难重重，这是为什么？

当前，银行最大的困境，就是如何释放数据智能的能力，建立起低成本、高效率的主动触达用户的能力。而智能营销能降低营销成本、改善服务效能，且智能营销正在经历从人机分工向人机协同方式的转变，未来的智能营销将变成跨领域融合的人机合作工作方式。

在大数据、AI、RPA（Robotic Process Automation, 机器人流程自动化）等技术的应用上，目前银行主要将这些技术应用于数据预测、判断、决策、分析等，银行的智能营销、风险控制、反欺诈等也都是通过数字化与 AI 来实现。但实际上数据智能在金融中的运用范围远大于此，数据智能应用于运营和营销场景是未来一个很重要的趋势。

已有企业用大数据、AI 和 RPA 技术实现金融新零售的运用解决方案，包括数据驱动的直营银行、远程银行等，使网点、员工、场景、产品可以全面自动调度，希望能带来边际效率的改善和用户体验的提高。

以"AI 远程银行解决方案"为例，该解决方案基于数据智能，以用户的个性化服务为核心业务，主动用"AI+客户经理"的方法，通过在银行私有云部署一套数据驱动引擎、AI外呼系统、企业微信云控平台实现数据对接，来为用户提供远程银行的服务。它可以实现95%以上的语义识别、支持模板快速生成场景，可实现用户历史和实时行为的大数据融合处理以及营销闭环。

同时，这些数据驱动的场景营销和运营活动都是自动化流转和运行的，可以触达人工服务条件下无法触达的几乎所有零售场景和海量的长尾用户，从而产生新收入，创造新业绩，完成KPI（Key Performance Indicator, 关键绩效指标）。同时因为整套系统都是自动化流转的，基层减负的问题也得以解决，基层员工的负载得以减轻。

这套解决方案推出以来，已经成功运用在广东建设银行、江苏建设银行、杭州建设银行、上海建设银行、上海浦发银行、渤海银行等各大银行，覆盖上海、浙江、江苏、广东、福建、河北、山东、四川等省（市），落地营销类、通知类、催收类、回访类等100＋业务场景，全年精准外呼量可达2000万次，AI外呼识别率超98%，可支持金融类客户千亿级访问。在配备300个机器人的情况下，AI直营银行预计每年可为银行新增21.2亿元存款、68亿元贷款以及18.8万人次开卡量，有效节省90%人力成本，真正为银行"降本增效"。

AI远程银行是一种典型的"人机协同"运作模式，在烦琐且高重复的银行业务中，人工智能＋大数据等核心技术能够将工作流程模块化，并且实现高度拟人化，拥有语义理解、语音识别和合成能力，可以大幅降低人力成本，减少人为失误，从而提高业务办理效率、降低运营成本，还可以在批量化的AI外呼中挖掘商机，交由客户经理跟进转化，这为银行数字化转型提供了全新可能性。

（二）重塑营销体系：从面对面营销走向线上闭环营销

数字化共生时代，AI 技术正在不断拓展金融场景边界，然而，银行数字化转型在迈向更高层级的进程中，却很容易忽视数字营销的关键环节：数据化营销闭环打造。

长期来看，银行将成为一种服务，而不是一个场所。新冠肺炎疫情的到来，使人力消耗较大的传统厅堂营销和上门获客营销逐步被智能手机、轻量化金融终端以及开放场景的线上营销方式所取代，随着 RPA、NLP（Natural Language Processing，自然语言处理）、KG 等技术的落地，线上营销将不断拓展深度和广度，为获客、活客、留客提供新的赛道，因此重塑银行的营销体系非常必要。

虽然近 60% 的银行已经整合了至少一项 AI 功能，但是目前市场上落地的技术还只能做到智能场景的识别反馈，难以达到各个环节的智能决策和自适应学习，更别说实现端到端的营销闭环。在零售银行业逐渐以提升大数据和 AI 的规模化应用为共识的今天，毫秒级的实时决策 AI 是银行营销破局的关键。

行业内已有企业自主研发无相盘 AI 实时决策引擎，期望打造一个"端到端的系统级 AI"，实现毫秒级的实时决策，为银行构建了"from data to knowledge to action"的数据与知识双轮驱动的营销闭环。

在银行内部，决策层 AI 正是迫切需要的，这将从本质上替换或增强人工决策，从而提高运营效率。目前技术上已经实现了每个节点的毫秒级 AI 实时决策，日处理推荐量可达百亿次，这套 AI 实时决策引擎还兼具 NLP-Scorpio 语义理解、4 级金融知识图谱、智能财富规划等多种核心能力，可实现对用户的 360 度画像和多尺度时间窗口的金融消费预测。

以大数据云脑 +RPA+NLP 的超级智能系统赋能银行云—边—端，实现集群部署少量节点即可高并发低延时的智能决策，完全重构了传统营销模式，为银行智能营销注入了新鲜血液。

基于这套技术，AI 已经实现了在银行营销领域的大规模应用，其中包括中国建设银行、中国工商银行、浦发银行、中国银行、中信银行等大行及股份制银行的总行或分行，这项技术将原来银行只能够服务 5% 的头部私行客户的服务能力，提升到可以为 80% ~90% 的长尾客户都提供精细化以及个性化的服务，真正为银行智能营销全面赋能。

（三）强化科技赋能：系统性做好银行数字化转型的技术部署

要系统性地顺利部署 AI 技术和应用并向数字化银行转型，银行需要对客户互动层、AI 决策层（AI 中台层）、核心系统与数据中台层等三个层次的系统能力进行投资和改造，此外还需要对运营模式进行改造。这些相互联系与依赖的层次如果能够协同运转，将推动数字化银行为客户提供独特的全渠道体验，实现大规模个性化服务，并加快产品和服务创新周期。

1. 重构客户互动层

越来越多的客户在移动生活和产业应用场景中使用银行业务，这为银行参与客户的应用消费旅程，了解其应用情景与需求，从而在各个场景下为其提供无缝的卓越体验提供了契机。很多银行业务（如支付、某些类型的贷款）正在"隐形化"，因为客户旅程的起止常常发生在银行平台以外的应用服务界面上。

银行要全方位覆盖客户生活，全渠道满足客户潜在需求，就需要在客户互动层做出几项关键转变。

首先，不能局限于提供高度标准化产品，而应该以最大化满足客户需求为目标提供个性化综合性产品和服务。这要求银行在核心客户旅程中嵌入个性化决策（提供什么，何时提供，通过何种渠道提供），设计有价值的非银产品，并引入能够代客自动决策和执行的智能技术。

其次，将客户旅程无缝整合到银行合作伙伴生态系统与平台中，从而使银行能够在应用场景中与客户互动，并在此过程中利用合作伙伴的数据与渠道平台来提高客户参与度和使用率。当今，消费者和企业日益依赖数字生态系统，银行应决定参与各类生态系统的方式（自建、统筹协调或合作），并相应地调整其互动层功能。

再次，银行需要重新设计客户全流程的整体体验和全渠道互动中的特定旅程。这包括实现客户在同一旅程中多种模式（如网页、移动APP、网点、呼叫中心、智能柜员设备等）间的无缝切换，保留并不断更新互动情景。

重构数字化银行的互动层需要对非银渠道客户互动设定清晰的策略。银行在其平台内外构建客户体验时，需要采用设计思维，前端互动界面接口的设计应保证灵活性，从而满足客户定制化与个性化需求。后台流程也需要重新设计，并确保将数据捕获漏斗（如点击流）精细地导入银行的互动层中，以及确保消费者互动数据顺利采集进入后台数据仓。所有这些都旨在更细致地了解客户旅程并持续改进客户旅程服务。

2. 打造 AI 决策层

要在各互动渠道中准确实时地向数百万用户和数千名员工提供个性化消息与决策支持，银行需开发大规模的 AI 决策层。AI 决策逐步可以大幅增强甚至完全替代人工判断，从而显著改善业务结果（更高的准确性与更快的速度）、提升客户体验（更具个性化的交互与产品）、赋能员工（首先与哪个客户联系，并给出最佳营销建议），以及加强风险管理（更早发现可能发生的违约和欺诈行为）。

为建立强大的 AI 支持决策层，银行需要制订在整个业务领域部署数据驱动的机器学习（ML）模型和个性化推荐技术的全行路线图。为推动大规模开发 AI 决策模型进程，开发过程需要具备可扩展和工程化能力，从而保证解决方案的有效和准时交付。除了业务团队和 AI 人才之间的紧密协作，还需要部署强大的软件工具进行模型开发、提高流程效率，以及跨团队分享传播知识。

除了跨业务部门的大规模 AI 决策模型开发，日常业务流程中也需要嵌入 AI 技术。为此，目标业务流程可能需要重塑，同时流程中的 AI 决策还应该具有给最终用户"解释"的能力，能够溯源而不只是算法黑盒。为了验证 AI 决策模型的有效性，打造数据闭环是必要的，银行需要打造强大的数据采集和统计的基础设施与流程，以强化反馈回路，从而对 AI 决策模型不断迭代优化。

此外，银行需要利用新的感知 AI 技术（如 NLP、MV、虚拟互动机器人、AR/VR 等）强化核心业务流程中的用户交流互动能力。上述很多感知 AI 能力都拥有从根本上改变客户体验/运营效率的潜力。如果银行缺乏相应人才或者不愿自行投资开发上述技术，则可以通过 API（Application Programming Interface，应用程序编程接口）支持的系统架构，以最快速度从专业提供商处采购并集成这些新能力，并在沙盒环境中持续推动对这些技术的试验，从而测试和优化应用程序并评估潜在风险，继而决定大规模部署哪些技术。

为实现上述认知 AI 决策和感知 AI 功能并与客户在整个生命周期互动（从获客到追加销售与交叉销售，再到客户留存与挽回），银行需建立企业范围的数字营销机制。该机制的关键在于将 AI 决策层产生的决策与洞见转化为客户互动层一系列协同行为措施，其中几项关键要素包括：一是从银行内部（如来自 APP 的点击流数据）和外部（如与电信提供商的第三方合作）的多元数据源采集各类数据的管道和统计机制；二是汇总、开发和维护 360 度客户视图，并建立 AI 模型能够近乎实时运行和执行的数据平台；三是跟踪分析用户历史行为并在互动层全渠道范围内前瞻性协同推送措施的活动平台。

3. 加强数据中台建设和数据治理

在整个组织内部署 AI 功能，银行需要一系列可扩展、有弹性且适应性强的核心技术和数据功能组件。核心技术薄弱和数据功能欠缺，会影响上面被支撑的 AI 决策层和客户互动层。数据中台建设和数据治理层面主要包含技术和数据战略、数据治理、API 架构、云战略等四个关键领域。

技术和数据战略。银行应拥有与业务战略紧密结合的统一技术和数据战略，并就关键问题做出战略性选择：哪些资源要素、技能组合和人才应自建团队留在内部；哪些则应通过合作伙伴或供应商获得。此外，技术和数据战略需阐明目标架构各个功能栈组成部分如何在本层功能上支持银行转型为数字化银行，以及如何与功能栈的相邻层进行交互。

数据治理。银行数据治理必须确保数据的流动性，即访问、提取和操纵数据的能力，这是 AI 决策层决策的基础。打破部门孤岛可提升数据流动性，让多个部门更好协调对同一数据的操作。数据价值链的起点即从所有相关内部系统和外部平台中获取数据，这包括将数据提取到数据湖中，清理并标记各类场景和应用所需的数据，以及分离立即用于分析的实时数据（从现有或潜在客户处）与待清理标记以备未来分析非实时数据。此外，在设计和构建集中式数据管理基础设施时，银行应开发其他控制和监控工具以确保数据的安全性、隐私性和监管合规性。

API 架构。充分提炼和抽取公共应用和功能，形成灵活的乐高式 API 架构，实现对银行内外部服务、产品和数据的可控访问。在银行内部，API 可减少数据孤岛的形成，提高技术和数据资产的可重用性。在银行外部，API 可促成建立外部合作的能力、解锁新商机并提升客户体验。API 架构具有巨大价值，同时也要确定其使用领域并建立集中化的治理机制以支持其开发和管理。

云战略。企业 IT 系统上云是不同行业的公司的共同战略，银行也不例外，各项实践数据充分表明云平台（公有、私有、混合云）可实现更强的扩展性与弹性，这些特征对于数据驱动的数字化银行战略至关重要。此外，基于云的基础设施能够降低 IT 维护成本，并支持开发团队的自助服务模式，从而通过提供托管服务（例如，在几分钟而非几天内设置新环境）加快创新周期。

4. 转变运营模式：从传统运营模式向平台运营模式过渡

未来的数字化银行需要采用新的运营模式，从而在企业运转的各个层次上实现必要的敏捷性、速度和独创性。传统银行团队的运作模式是基于垂直条线和部门的，在这种传统运营模式下，组织职能易出现重叠与空白，且协同效率不高，很难适应数据驱动的数字化银行运行特点，转向平台运营模式是数字化银行的更好选择。

在平台运营模式下，跨职能的业务和技术团队依托不同的平台形成阿米巴组织。每个平台的阿米巴团队都控制着自己的资产（例如基础设施、技术解决方案、数据资源等）、预算、关键绩效指标以及人才。这些平台团队向银行的最终客户或银行内的其他平台提供一系列产品或服务，大致可分为三类：业务应用平台是面向客户或合作伙伴的团队，致力于存款理财、企业贷款和交易银行等业务领域，主要用来创造业务成果；业务功能平台提供专业化能力／共享服务，在整个组织中建立标准和提供标准功能，如催收、支付基础设施、人力资源和财务等；基础平台则让应用和功能平台能够获取各类底层技术功能，如网络安全与云架构、加解密、跨系统登录／认证等。通过这些平台的运营，银行可以打破组织孤岛，提高敏捷性与速度，并让全行在目标和重点上实现统一。

三、银行数字化转型优秀实践案例

近年来，我国银行纷纷踏上数字化转型的道路，并开展了许多有益实践。数字化对银行的组织、文化、业务、技术等各方面都提出了新的要求，带来了深刻的变革，我们来看看在数字化转型过程中的一些优秀实践案例。

（一）中国建设银行总行：打造金融智能助理"班克"

2018 年 8 月，建设银行董事长田国立首次提出 RPA 治理理念。建设银行从 2018 年底开始启用 RPA 技术，采用总行部门先行试点应用，然后利用 RPA 运营管理平台赋能，推进分行通用型应用和特色应用在全集团内快速推广的策略。

截至 2020 年 12 月底，建设银行共实现 509 项自动化场景上线，为 14 个总行部门、37 家分行、1.3 万个网点、3 家直属机构、3 家境外机构和 3 家境内子公司共 22849 人提供了服务，日均节省工时达 5036 小时，相当于每日替代 630 人，切实提升了管理质效。RPA 作为赋能建设银行数字化转型的重要工具，在提升建设银行数字化水平和业务运营自动化能力、提高用户体验等方面起到了不可替代的作用。

2021 年 3 月 31 日，中国建设银行重磅推出手机银行 5.0 版本，其中智能助理"班克"成为一大亮点。智能"班克"着眼未来银行服务需要，围绕构建智慧银行目标，以"用户旅程"管理为核心，以 3D 理念为载体，运用互联网思维和金融科技，采用新型数字化客户交互方式，打造银行新型智能金融服务。

自推出以来，智能"班克"为客户提供集业务导航、产品推荐、业务办理、事项提醒、智能客服于一体的智能交互服务，通过场景式多轮会话，客户只需动动口就能完成转账、查余额、还信用卡等各项金融业务办理，可以跨越时空轻松享受有温度、更智能和更便捷的交互体验。

未来，在推进数字化转型方面，建设银行将加大 RPA+AI 技术的融合，增加智能技术在重点业务领域的应用。一是要持续增强项目服务能力，集成 NLP 等 AI 技术，采用移动互联理念，打造手机端服务渠道，提升平台运维和用户服务能力；二是要推动智能技术融合，通过"RPA+"的方式实现智能技术融合应用，充分发挥各项技术的优势，突破单一技术的局限，发挥"1+1 > 2"的效果，构建建设银行数字化劳动力，连通物理世界与信息世界，为用户提供更有价值的产品和解决方案；三是利用 AI 大数据分析能力优势，深挖运营数据、员工行为数据，发现更多的 RPA 应用机会。

（二）中国建设银行广东分行：打造私域流量裂变工具

建设银行秉承普惠、开放、共享的新金融理念，率先开启数字化转型，以数字化经营作为落实"三大战略"的突破点，按照"建生态、搭场景、扩用户"的基本逻辑，形成了一套具有建行特色且行之有效的数字化转型打法。总行大脑统一指挥，前中后台、总分行、母子公司高效协同的敏捷响应机制不断完善。业务、数据、技术三大中台建设全面破题，持续加强策略引领、渠道协调、风险合规、财务配置等底层支持能力，综合客户洞察、模型应用、平台生态、产品权益、组织协同等维度，探索创新数字化经营能力考核评价体系。不断提升大数据分析和模型搭建能力，积累沉淀分行特色数字化经营经验。

其中，建设银行广东分行在打造私域流量裂变工具上有显著成就，这与龙虎榜裂变工具密不可分。

龙虎榜裂变工具，是一款用数据驱动管理银行数十万节点和数千万场景的直营工具，依托一个数字化新零售福利站，它可以将银行的所有场景触点都变成智能的传播源，可有效提升场景运营的效率，进而有效评估所有用户、员工、网点、机构等线下场景的传播效能，用户可以在这里尽情做任务、做增长、做存留。

龙虎榜裂变工具以数据智能驱动，可以形成裂变的"爆炸式"的威力，仅上线 420 天时，裂变次数就达 1500 万 +，成功营销客户数 900 万 +，现已成功运用于 500 万 + 网点场景，2020 年实现了 1500 万单的增长运营。

未来，建设银行将在金融科技战略指导下，继续以技术和数据为驱动，以知识共享为基础，以平台生态为逻辑，构建数字化银行生态体系，为客户和各类合作伙伴提供更便捷、更高效的金融服务。将建设银行建设成为具有"管理智能化（intelligent）、产品定制化（customized）、经营协同化（collaborated）、渠道无界化（boundless）"四大特征的现代商业银行。

（三）渤海银行：打造敏捷有温度的生态银行

渤海银行以构建"隐形、无感、泛在"的"生态银行"为目标，通过人工智能、生物识别、大数据等多元化技术，培养发展自身的金融科技专业能力，丰富金融科技化服务模式，为客户提供特色化、定制化服务，全面促进其向数字化银行转型。

作为最年轻的股份制商业银行，渤海银行在业内较早意识到"数字化转型是商业银行实现战略转型的关键推动力"，并率先开启"线上化、数据化、智能化"的"三步走"模式。

"十三五"规划期间，渤海银行坚持以数字化转型为先导，持续深化生态银行体系建设，加速对生态平台的金融科技赋能。实施数字化战略转型以来，渤海银行离柜业务率已经超过了90%。

步入国家"十四五"规划开局之年，渤海银行积极有序地布局并打造以金融科技为首的"七大新基建"工程，技术和数据共同发力驱动金融科技能力发展。特别是近两年来，持续探索远程客服中心的非接触金融服务创新，以账户管理、支付结算、金融产品服务为抓手，明确提出建立以开放和生态合作为核心的"生态银行"。

在搭建远程客服中心上，渤海银行引入 AI 远程银行产品，基于数据智能，以用户的个性化服务为核心业务，主动用"AI+ 客户经理"的方法，通过在银行私有云部署一套数据驱动引擎、AI 外呼系统、企业微信云控平台实现数据对接，来为用户提供远程服务。

该产品仅在渤海银行上线 6 个月，就已覆盖了大额存单、专属理财、特色理财等 8 个场景，精准外呼量达 36 万余次，AI 外呼识别率超98%，平均转化率达 12.86%，已有效节省 90% 人力成本，真正实现了降本增效。

（四）摸象科技：构建中国银行业的未来 AI 银行

银行的未来是智能化的未来，未来的银行也会是一个超级智能体，更确切地说是一个数据智能驱动的全自动运营体。这个体系将整个银行 AI 化，所有的环节都实现了智能化。最终，它将带领银行走向一个高运营效率、低运营成本、可端到端自动化的未来（见图 4-1）。

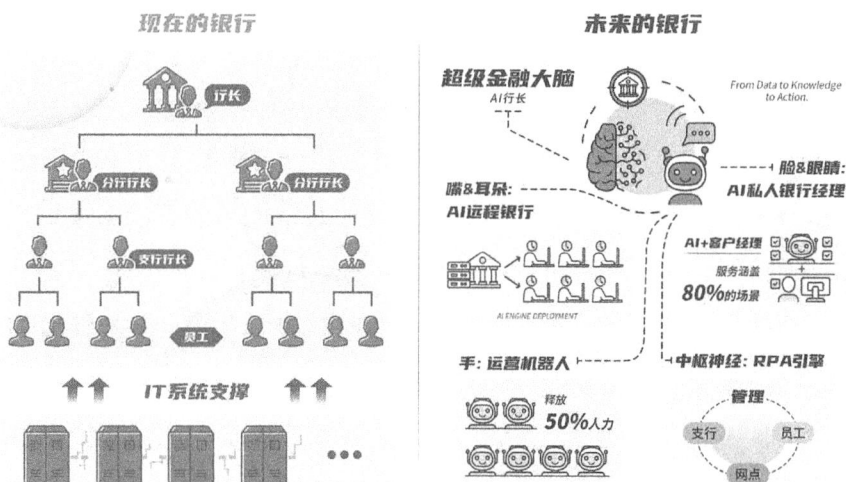

图 4-1　现在的银行与未来的银行对比

未来 AI 银行的超级大脑是智能系统的 AI 决策层。银行内部迫切需要决策层 AI，这将从本质上替换人工决策，提高运营效率。以杭州摸象大数据科技有限公司为例，其自主研发的智能系统 AI 决策层，将为银行打造一个"端到端的系统级 AI"，它兼具 NLP-Scorpio 语义理解、4

级金融知识图谱、智能财富规划等多种核心能力，可实现对用户的360度画像和多尺度时间窗口的金融消费预测，为银行构建"from data to knowledge to action"（从数据到知识、从知识到行动）的数据与知识双轮驱动的营销闭环。

未来AI银行的脸&眼睛是3D虚拟智能助理。3D虚拟智能助理以用户数据为驱动，可以围绕用户需求和行为，为每一位用户设计独有的服务，它可以成为用户贴身的私人金融助理，建立银行与用户的连接，还可以解决和用户之间的实时视频互动业务场景。传统金融服务所缺乏的时效性、定制型、知识深度（或者称理解客户的能力）等，"3D虚拟智能助理"均可以有针对性地解决，还能实现普惠金融服务的千人千面。

未来AI银行的嘴&耳朵是象小秘对话机器人。象小秘对话机器人是摸象科技AI远程银行的一个重要组成部分，它基于NLP自然语言理解技术，支持文本应答、语音呼入呼出、智能导购等能力模块，可以在通信网、社交网络和互联网各种环境运行，实现真正的人机协同，为客户提供更便捷的、更优质的远程银行服务，在提升客户体验的同时，提高业务办理效率，降低运营成本。

未来AI银行的手是CRM（客户关系管理）掌上工具。摸象科技自主研发的CRM掌上工具，是智能体的执行机构和数据传感器，通过人机协同控件，负责将数据和任务在人机各环节之间流转。这款工具是用数据驱动银行一切节点的直营工具，可以将银行的所有场景触点都变成智能的传播源，可以有效提升场景运营的效率，进而有效评估所有用户、员工、网点、机构等线下场景的传播效能，赋能客户经理完成任务管理部署、实时监控、渠道管理、绩效管理、运营情况等数据化。

未来 AI 银行的中枢神经是 RPA 套件。作为信息化程度最高的行业之一，银行内部成百上千套信息系统的建设，导致了大量系统与系统、数据与数据之间的割裂，许多衔接性的工作流程需要员工操作才能完成。而 RPA 作为一种新兴的"数字劳动力"，起到了打破"数据孤岛"、联动多个业务系统的作用。RPA 引擎具有部署便捷、易使用、性能稳定、效率高和投资回报率高等特性，可以有效修补企业实现数字化转型的最后一公里断路场景。

这就是中国银行业的未来图景——AI 银行。在风起云涌的数字孪生时代，未来还有无限可能，银行还会走向"开放银行""无界银行""元宇宙银行"……或许就像科幻电影里所描述的一样，未来银行会从现实宇宙向元宇宙进行数字化迁徙，届时一定会重构一整套经济体系、经济模式以及金融模式，产生新的货币市场、资本市场和商品市场。

（高鹏 杭州摸象大数据科技有限公司创始人、董事长）

高峰按：

只有积极推进数字化转型，才能融入发展大潮。深化金融供给侧结构性改革，是推动金融健康发展、适应经济高质量发展要求的重要任务。数字化转型是银行深化金融供给侧改革、提升金融服务质效的重要举措。AI 赋能的数字化时代，数据存储和处理成本不断下降，信息获取与互联程度普遍提升，数字化智能化转型成为中国银行业升级的必由之路。因此，银行要应势而谋、顺势而为，抓住科技创新机遇，加速金融与科技的融合，积极推动数字化转型实践，助力双循环新发展格局的构建。银行在数字化转型中也面临不少挑战，如技术升级需要稳中求进、敏捷组织体系有待构建、数据治理与应用能力有待加强，为此，高鹏给出了银行数字化转型的路径和建议：一是"数据智能驱动"的新零售是银行数字化转型的突破；二是重塑营销体系，从面对面营销走向线上闭环营销；三是强化科技赋能，系统性做好银行数字化转型的技术部署；四是转变运营模式，从传统运营模式向平台运营模式过渡。高鹏认为，未来 AI 银行建设及联运商，是顺应银行数字化转型发展态势的，通过大数据 + AI，可以为银行提供一站式全自动运营解决方案，从而为构建银行更美好的未来创造更大的价值。

CHAPTER 5

第五章

数字文旅场景：
构造"四位一体"浸入式体验

近年来，文旅融合战略稳步推进，文旅产业进入高质量发展新阶段，"新基建"为文旅产业的智慧化发展提供了基础支撑，从根本上解决了问题的前置障碍，数字经济的提出又加速了文化旅游产业产品和市场从形式到内容的结构性变化。

党的十八大以来，以习近平同志为核心的党中央高度重视文化建设和旅游发展，文化日益繁荣兴盛，旅游业持续蓬勃发展，人民群众获得感、幸福感、安全感更加充实、更有保障、更可持续。

旅游业作为国民经济战略性支柱产业，不断与其他产业跨界融合、协同发展，产业规模持续扩大，新业态不断涌现，对经济平稳健康发展起到了明显的综合带动作用。"十四五"时期，我国将全面进入大众旅游时代，面临着新的发展挑战。从国际形势来看，当前国际环境严峻复杂、新冠肺炎疫情影响深远，全球旅游业不确定性增加；从国内环境来看，人民群众旅游消费需求向高品质、多样化转变，对我国旅游业的高质量发展提出了新要求，面对这一需求的转变，旅游业发展不平衡、不充分的问题仍然突出。但机遇与挑战并存，构建新发展格局有利于旅游业发挥涉及面广、带动力强、开放度高的优势，数字经济背景下，新一轮科技革命、创新驱动发展战略则为旅游业赋予了新动能。随着"智慧旅游"和"数字化改革"相关政策的出台，各级政府对旅游目的地全域旅游的数字化转型进行了"顶层设计"，具有重要的战略意义和现实价值。

在数字化改革的新阶段，浙江省文化和旅游数字化改革也在全面推进。《浙江省文化和旅游厅文化和旅游数字化改革方案》提出，基于全省"一张网""一朵云"，全面构建"1+4+N"的数字化改革总框架，全力推进"互联网＋旅游"发展，加强在线旅游营销与推广、旅游监管服务，打响"文化浙江""诗画浙江"品牌。利用大数据、人工智能等技术加强艺术、文物、非遗等传承保护和利用。集成创新文化和旅游"一件事"改革，全面实现文化和旅游系统"掌上办事""掌上办公"，打造全国数字文化和旅游"重要窗口"，为文化强国建设探索一条行之有效的数治路径。

未来旅游目的地构建了"4+5+N"工作体系，遵循"人本化、生态化、数字化、均等化、多元化"的价值导向，聚焦未来景区、未来文博、未来全域、未来共富等典型场景的服务、管理、保护、营销和运营应用，实现政府高效能治理、游客高品质生活、涉旅企业高质量发展。2030年未来旅游目的地数字化改革以习近平新时代中国特色社会主义思想为指导，坚持以人民为中心的发展思想，以数字化改革撬动未来旅游目的地改革，统筹运用数字化技术、数字化思维、数字化认知，对文化和旅游治理的体制机制、组织架构、方式流程、手段工具进行全方位、系统性重塑，推进跨部门多场景系统集成应用，高水平推进未来旅游目的地治理体系和治理能力现代化。

一、2030年未来旅行畅想

你在悦耳的音乐声中醒来，发现播放的是你少年时喜欢的那个歌星的成名曲，这首曲子最近常常在你的脑海中萦绕，你甚至昨天曾经使用搜索引擎搜索过它一次。就是这次搜索，被你家里装修时安装的智慧管家捕捉到了，今天早上唤醒你的闹铃声就是这首曲子。

你睁开眼睛，智能窗帘缓缓打开，清晨的一缕阳光照射进来，整个屋子焕发出生机。

你看了一眼床头的手机，今天是周六，是你答应全家出动、带着孩子游玩的日子。孩子喜欢去游乐场，而你并不想去，你想到静谧的博物馆游览。如果在以前，目的地的不同往往会以部分家庭成员的妥协为代价，现在这些已经不是问题了。

你对着空气说出今天的第一句话："今天陪孩子去游乐园，但是我更想去博物馆。"

一个悦耳的女声响起："早上好，正在为您规划。"

你的妻子这时醒来，你伸出手臂，她自然地躺进你的臂弯，你俩一起以一个舒服的姿势看向空中。空中投射出一个采用了全息投影技术的虚拟屏幕。这个时代，来自不同大数据厂商的数据已经部分实现共建共享，在对家庭成员人数、游玩偏好、时间、历史预算等资料的全面了解上，智慧管家很快规划出孩子感兴趣的游乐园，给出包括游玩线路、交通、住宿、美食、购物、活动、服务等详细的旅游行程。在获得你和妻子的首肯后，自动为你们进行了门票、导游、餐厅、娱乐项目的预约。

同时，另一块虚拟屏幕也出现了，智慧管家也为你规划出了几个你可能喜欢的博物馆，你选择了卢浮宫。这个行程不同于游乐场，并没有实际的出行路线，只有游览规划。

儿童房传出了"小猪佩奇"的音乐声，你和妻子知道孩子即将起床，不由得相视一笑，准备起身。

厨房里的咖啡机和面包机发出提醒，五分钟后你们一家人的早餐即将准备好。利用这点时间洗漱完后，你吃到了烤得正好的面包，喝到了恰到好处的咖啡。

无人驾驶汽车已经停在了你的楼下，你带着妻子和孩子上了车。根据你语音发出的命令，车辆上安装的联网系统已经自动获取了从出发地到目的地一路上不同路线的实时情况，自动规划出一条最合适的路线。在语音提示并检测到乘客已系好安全带后，汽车自动驶向了游乐园。今天的行驶时间预计40分钟，你免去驾驶的辛苦，正好利用这段时间和孩子一起预览了游乐场的各种设施，孩子兴致勃勃地说出他感兴趣的游乐项目，智慧管家和你的智能手机相连，根据孩子的喜好，重新为你们设计了行程。

无人驾驶汽车把你们送到了游乐场门口，然后自动寻找合适的车位泊车。你们一家三口进了游乐场，无需为购票和检票浪费时间，在你们通过检票口时，安检已经自动扫描了你们身上的背包，通过你带着的手机，检测仪不仅扫描了预定的票，还获取了你们的体温以及过去十四天中有无去过中高风险区等信息。

现在进了游乐场大门，孩子被高大的过山车吸引了视线，奔跑过去，你和妻子相视一笑，虽然游乐场人很多，但是你们并不担心孩子会跑丢。游乐场四处林立着多杆合一的柱子，只要按下SOS报警键，立即能与工作人员取得联系。系统通过多杆合一的视频监控功能，将跑丢小朋友的照片发送给工作人员，通过比对人脸数据库图就能很快找到丢失的孩子了。但是你还是叫住了孩子，把智慧管家预约的导游——"小猪佩奇"给他戴上，这会为他做虚拟讲解，小朋友走到哪，"小猪佩奇"讲到哪，有问题的时候，小朋友可以随时问"小猪佩奇"，"小猪佩奇"会为小朋友一一解答。

安顿好孩子后，你和妻子坐在树荫下的长椅上，各自戴上一个"墨镜"，这不是普通的墨镜，而是"魔镜"。你通过"魔镜"，进入文博元宇宙，看到了"卢浮宫"，仿佛身在其境。巨大的水晶灯照耀着猩红的地毯，金碧辉煌的宫殿尽头是一幅挂着的油画，蒙娜丽莎微笑着从画上走了下来，迎接你的到来。你感觉像是在做梦，但是蒙娜丽莎苍白的脸上泛起的红晕是那么真实，你甚至能看见她金色的睫毛微微颤动着。蒙娜丽莎开口了："欢迎你，迟到的客人，我将向你介绍我自己。"虽然你略懂英语，但蒙娜丽莎优美的语音带着中世纪意大利的风格，你尴尬地笑了笑，眨了眨眼，无障碍模式自动切换上线，蒙娜丽莎柔美的声音变成了标准普通话。

蒙娜丽莎的自我介绍刚刚完成，你的手机发出柔和的提醒，你的孩子已经奔向下一个游乐项目。两边的游览都规划得无缝衔接，你和妻子站起来，随着孩子走向下一个项目。你知道，在那里等候的同时，你将继续你的卢浮宫之旅。

午餐时间到了，孩子正好结束了在餐厅旁边的一个项目，一家人走进了餐厅。智慧管家早已根据全家人的口味偏好，结合餐厅的菜单点好了菜，当你们就座后，冒着热气的饭菜被端上了桌，你们不用再纠结吃什么和额外花费等待的时间了。你知道，这一切顺利的背后是大数据在支撑，从早上睁开双眼，直到现在吃上午餐，你的行程全部是规划好的。如果放在十年前，你要想完成这一切，至少得花一天时间，不说你自己开车的辛劳、路上的堵车、购票的烦琐，即使在游乐场每一个项目长达数小时的排队，都会让你精疲力竭，更不要说在游乐场的旅行之外，你还同时体验了自己喜欢的卢浮宫之旅。而你的妻子也很满意，她在购物虚拟之旅中，已经逛了多家商场，购买了一家人所需的衣物，订单已经发出，在你们晚上到家后就会收到。因为没有疲累和争执，你们一家人的感情更加好了。

夕阳西下，你们愉快地踏上了返程，结束了一天的旅程。

这就是对 2030 年未来旅行的畅想。

联合国秘书处经济与社会事务部（United Nations Department of Economic and Social Affairs, UNDESA）在《2019 年世界人口展望：重点》的报告中预计世界人口将从目前的 77 亿增加到 2030 年的 85 亿。人口的增长加之不断改善的生活水平对旅游业意味着利好，即引领全球旅游市场走向繁荣。随着全球化不断深入，受文化和社区间不断紧密融合的影响，未来游客将变得更具流动性。同时，科技将有助于游客到更远的地方旅行，更快抵达旅游目的地，更深刻地影响全球旅行模式。

2030 年未来旅行让更多的人看到世界的丰富和多元，将出现绿色城市、多元社区、未被开发的文化、无障碍旅行、乡村实践等元素的新旅行方式，以满足乃至超越未来顾客对其服务的期望。未来旅行不仅要解决看山看水看文化的问题，还要在舒适度、便携性、趣味性上下功夫，不断增强人民群众的幸福感和获得感，满足人民群众对美好生活的向往和追求。

二、文旅产业数字化现状

在一系列政策红利下，文旅产业数字化迎来了时代性的机遇。2014 年原国家旅游局确定了中国旅游主题为"智慧旅游年"，正式开启了我国智慧旅游的时代。2015 年 1 月，原国家旅游局印发的《关于促进智慧旅游发展的指导意见》提出，智慧旅游是游客市场需求与现代信息技术的结合，是驱动旅游业创新发展的新动力和新趋势。2018 年，随着中共中央提出将原文化部、原国家旅游局的职责整合，文化和旅游融合发展也成为一项重要的机构改革任务。2020 年 11 月 30 日，文化和旅游部、国家发展改革委等十部门联合印发《关于深化"互联网 + 旅游"推动旅游业高质量发展的意见》（以下简称《意见》）提出，《意见》是党的十九届五中全会提出的"加快数字化发展"新要求在旅游领域的重要体现，为"十四五"时期智慧旅游发展提供了指引，指明了旅游业与互联网数字技术深度融合的方向。

（一）文化旅游业是国民经济战略性支柱产业

相关数据显示，自 2014 年以来，全国旅游业综合贡献占 GDP 总量保持 10% 以上，2019 年国内旅游总收入突破 6.63 万亿，旅游业对社会经济活动的全面发展起到重要的拉动作用，已成为国民经济战略性支柱产业。近年来，文旅融合战略稳步推进，文旅产业进入高质量发展新阶段，"新基建"为文旅产业的智慧化发展提供基础支撑，从根本上解决了问题的前置障碍，数字经济的提出又加速了文化旅游产业产品和市场从形式到内容的结构性变化。

（二）数字技术成为文旅产业发展的引擎

随着信息通信技术的进步，5G 通信、人工智能、大数据、VR/AR、元宇宙、区块链、物联网等数字技术，已成为优化文旅产业转型升级的重要引擎。面对大众旅游消费新需求，文旅产业数字化开始进入与传统旅游深度融合的发展阶段，文旅产业将进入数字化文旅新业态发展的全新阶段，这使游客出行更加方便，企业服务更加便捷，行业管理更加精准。越来越多的游客可以通过在线预订、消费和评价来打通吃住行游购娱中的各项环节；企业通过数据分析研判，对游客进行精准画像，快速地将更新更好的产品和服务信息送达消费者；行业管理者也通过大数据平台实施统计、监控、应急、指挥调度等管理职能。特别在疫情常态化下，旅游产业上下游链条全面数据化，"扫码入园""智能客服""智能导览""数据监测"已成为各大旅游企业和景区智慧旅游建设的基本要求。

（三）文旅科技融合提升游客体验价值

伴随着数字技术在文旅产业的深度渗透，文化和旅游产业的边界将逐步打破，两大产业也将在更广范围、更深层次、更高水平上实现深度融合，传统的文化旅游行业正在经历有史以来的颠覆性革命。2019年8月，国务院办公厅发布的《关于进一步激发文化和旅游消费潜力的意见》（国办发〔2019〕41号）提出"促进产业融合，促进文化、旅游与现代技术相互融合，发展基于5G、超高清、增强现实、虚拟现实、人工智能等技术的新一代沉浸式体验型文化和旅游消费内容"。基于5G传输的VR、AR、4K全景、全息影像体验产品，以沉浸式体验为核心、以数字技术为依托，不断进行体验场景、消费场景的创新，例如：深圳欢乐谷5G+体验乐园、"玩转故宫"的小程序、北京首家线上博物馆等等。

（四）文旅产业数字化快速发展中尚存在的问题

近年来，文旅产业处于高速发展阶段，发展成果良好。然而，由于文旅产业数字化起步较晚，各地对智慧文旅的认知和建设水平参差不齐，各地数字化建设发展不均衡。当前，国内大多数文旅产业信息化呈现"半智慧化"状态，信息化建设未能实现业务流程的优化，导致花长周期、高成本建立的信息化系统处于"歇业"状态，信息孤岛严重，无法真正让数据跑起来，数字化建设需要汲取经验教训。目前，文旅产业数字化发展中存在的问题主要表现在以下方面。

1. 系统独立，实用性低

各应用系统相对独立，缺乏相互支撑，信息化建设与运营的业务需求有偏离，存在重复建设、重硬件轻软件、投入大周期长、信息孤岛严重等问题。

2. 数据单一，共享不足

数据来源单一、缺乏标准，数据共享交换能力不足，数据无法提供精准决策。无法实现数据自由流动与自我更新，无法有效获取数据、分析数据、运用数据。

3. 运维困难，缺乏人才

系统操作复杂，缺乏专业人才运维，导致系统使用率低，造成资源浪费。

对此，文化旅游目的地需在相关政策的指引下进行数字化改革，遵循目标、需求、问题、效果和未来导向，实现文旅产业的高质量发展，进而提升文旅产业的整体实力和竞争力，以更好地满足人民群众日益增长的美好生活的需要。

三、未来旅游目的地数字化转型战略与路线

（一）七大原则

未来旅游目的地的数字化转型不可盲目进行，需要依照以下"七大原则"。

1. 以人为本

坚持以人民为中心，不仅解决看山看水看文化的问题，还要在舒适度、便捷性和趣味性上下功夫，不断增强人民群众的幸福感和获得感，满足人民群众对美好生活的向往和追求。

2. 创新引领

以数字化改革创新为动力，与未来城市、未来交通、未来景区、未来文博、未来社区、未来乡村充分衔接，实现经济、生态、社会、文化等综合效益的整体提升。

3. 高质量发展

坚持文明、生态、共享、智能的高品位、高品质发展理念，体现生态化、特色化、人性化、智能化和品质化，使未来旅游目的地成为展现社会综合治理水平的先行者、先驱者、先锋者。

4. 一体化推进

全方位实现跨层级、跨部门、跨系统的多跨协同，体现文化和旅游系统的整体性和通用性，彰显文化和旅游的鲜明特色。

5. 数字赋能

充分利用数字孪生、物联网、云计算、大数据、人工智能、元宇宙、区块链等技术，最大限度开放数据资产，促进数据深度关联应用，提升数据治理能力，激发数据生产要素对文化事业、旅游产业的放大、叠加和倍增作用。

6. 管用好用

在政府数字化转型成果的基础上，统筹利用好各类资源，对原有系统进行迭代升级，优化功能模块和服务体验，使复杂系统实现简易应用，全面提升用户的使用率和好评度。

7. 协同发展

加强政府与社会、企业的协同，鼓励多方参与资源配置，优化文化和旅游数字服务内容，实现从单一要素配置向全过程全要素构建转变，形成全社会协同发展格局。

（二）V字模型：数字化改革的双翼式路径

《浙江省数字化改革总体方案》（以下简称《方案》）指出，按照系统分析V字模型持续迭代，将"业务协同模型和数据共享模型"的方法贯穿到数字化改革的各领域、各方面、全过程。

从数字化发展的角度看，电子政务从IT驱动到DT驱动，再演化为数据驱动的三个进程，代表了信息技术治理到数据治理，再到数字化治理的三个层次需求。结合浙江对数字化改革归纳的"一体化、全方位、制度重塑、数字赋能、现代化"五个主题词，就可以看出数字化改革对各相关单位的数据管理能力建设及系统性提升提出了全新的要求。仅仅有数据治理体系的架构远远不够，因为它不能直接应用于数字化改革，还需要与关联的数字化治理流程相结合。《方案》提出了浙江省数字化改革的方法路径之V字模型，形成了"业务协同模型"与"数据共享模型"之方法，形成双翼式路径，彼此既纵向自上而下逐级作用，又通过底端自下而上交互融合。

1. 何谓 V 字模型？

V 字模型将数字化改革的关键流程抽象为"业务协同"和"数据共享"两大支撑系列，确定了以"定准核心业务 → 确定业务模块 → 拆解业务单元 → 梳理业务事项 → 确定业务流程 → 明确协同关系 → 建议指标体系 → 汇总数据需求"为一侧的业务协同模型，以及以"形成数据共享清单 → 完成数据服务对接 → 实现业务指标协同 → 完成业务事项集成 → 完成业务单元集成 → 完成业务模块集成 → 形成业务系统"为另一侧的数据共享模型，两者共 15 个模块组成的融合实施路径，为数字化改革提供系统性方法。

V 字模型自上而下的流程既反映了从"汇总数据需求"到"形成业务系统"涉及的"协同—共享"流程，又自下而上地拆解为数据资产处理与加工的分层模块；从层级上也反映了数字化治理从战略、战役到战术，再由战术、战役到战略的往复设计与迭代分析的综合模式。

如"拆解业务单元""梳理业务事项"等属于战术治理层面，"形成数据共享清单""完成业务事项集成"等属于跨机构、跨系统的战役层面，而"汇总数据需求""形成业务系统"等属于战略层面（特别是针对多机构、跨系统的数字化改革项目）。

2. V 字模型助力文化旅游数字化建设

围绕建设未来旅游目的地目标，坚持"整体智治、高效协同"的理念，聚焦跨部门数据共享和业务协同两个关键，一体化推进全域文化和旅游系统数字化改革，按照系统分析 V 字模型持续迭代，着力打造决策"一屏掌控"、政令"一键智达"、服务"一网通办"、体验"一机顺畅"等数字化闭环工作场景，推动文化和旅游重要领域体制机制、组织架构、业务流程的系统性重塑，实现从"数字"到"数治"的新生态。推进数字化技术和数字化思维全面应用，行业相关的各部门、各层级数据资源和应用全面集成，科学决策的数据支撑体系高效实现，群众数字公共服务获得感切实增强，产业数字化驱动效能的充分显现和数字化治理体系的全域覆盖。

强化需求导向、问题导向、效果导向和未来导向，编制工作方案（包含目标任务、应用定义、改革举措、建设内容、预期成效、特色亮点、实施计划等内容），提交试点成果和经验总结，将应用成果上升为理论成果、制度成果，并进行推广。

（三）"四位一体"的未来旅游场景构造

1. 未来旅游目的地数字化改革总体框架

● 未来旅游目的地数字化改革总体框架如图 5-1 所示，总体框架分为六层，自下而上分别是：基础设施、数据资源、应用支撑、多跨应用场景、用户体系以及门户。依托一体化智能化公共数据平台，建设各类数据资源仓和五个应用支撑中台，构造"四位一体"的应用场景，分别是未来景区、未来文博、未来共富、未来全域，四者相融共生，共同打造未来旅游目的地数字化新局面。

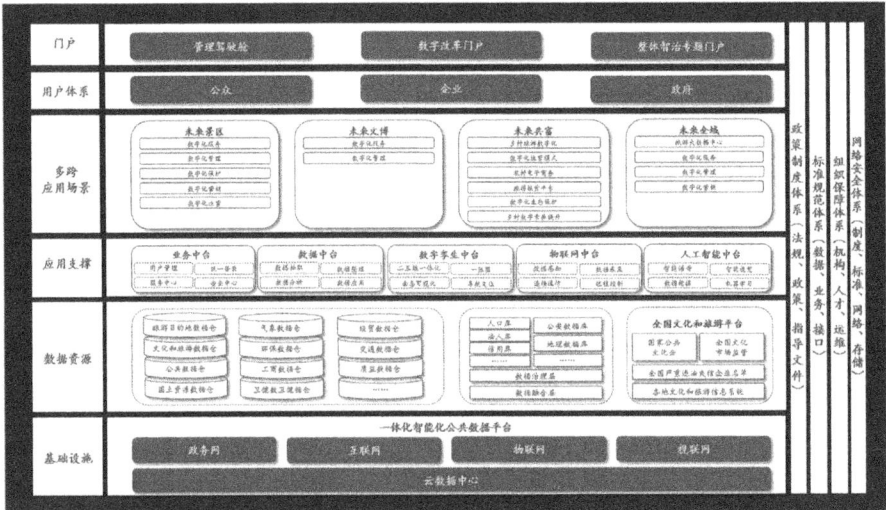

图 5-1　未来旅游目的地数字化改革总体框架

● **云数据中心**：运用云计算技术，统一提供计算、存储、大数据、应用支撑和网络信息安全保障等共性通用服务的基础设施平台。

● **视联网**：采用通信协议，承载视频会商、指挥调度、应急处置等高清视频业务的融合通信网络。

● **一体化智能化公共数据平台**：以云计算、大数据、人工智能、互联网等技术为支撑，是省域治理全过程数据感知、数据共享、数据计算的基础平台。该平台用于支撑党政机关整体智治、数字政府、数字经济、数字社会、数字法治的实现。该平台包括"四横四纵"体系和"两个前端"，纵向贯通省市县乡各层级。"四横"是指：基础设施、数据资源、应用支撑、业务应用；"四纵"是指：政策制度、标准规范、组织保障、政务网络安全；"两个前端"是指："浙里办""浙政钉"。

● **数据仓**：国家机关以及具有公共事务管理职能的组织采集和获取的，随时间动态更新，信息类型、格式等相对稳定的各类公共数据资源集合。

● **数据共享**：公共管理和服务机构等因履行职责和提供公共服务需要，依法使用其他公共管理和服务机构的数据，或者为其他公共管理和服务机构提供数据的行为。

● **数据交换**：通过采用约定的信息格式、控制协议和开放接口，在不同方之间传递数据，以实现不同系统间通信、互操作、信息共享、和协同运作。

● **数据融合**：基于一组或多组数据，通过一定的处理过程以获得新的或更高质量信息的过程。

● **数据治理**：基于数据生命周期，进行数据全面质量管理、资产管理、风险管理等统筹与协调管控的过程。多学科视角下，数据治理需要解决数据权属关系问题，明确数据利益相关方的角色、权利和权益及其责任关系和工作任务，避免数据风险，提高数据质量，确保数据资产能长期有序地、可持续地得到管理和利用。信息技术视角下，数据治理指对数据进行管控、处置、格式化和规范化的过程。数据治理是数据和数据系统管理的基本要素，涉及数据全生命期管理，无论数据是处于静态、动态、未完成状态还是交易状态。

● **业务中台**：通过定义一套元业务标准，用来规范业务后台供应，整合业务流程，提供公共服务，以更快的响应来提供给业务前端的业务服务能力集合，包括但不限于用户管理、统一登录、服务中心、安全中心等系统。

● **数据中台**：通过定义元数据标准，用来规范数据抽取、数据整理、数据分析、数据运用等动作，并快速向前端提供数据服务能力的集合。

● **数字孪生中台**：充分利用物理模型、传感器更新、运行历史等数据，集成多学科、多物理量、多尺度、多概率的仿真过程，在虚拟空间中完成映射，从而反映相对应的实体装备的全生命周期过程，实现二三维一体化、一张图——全息可视化、导航定位等功能。

● **物联网中台**：实现智能物联设备数据感知、数据采集、连接通信、远程控制等功能。

● **人工智能中台**：实现智能语音、智能视觉、数据挖掘、机器学习、分析预测等功能。

● **多跨应用场景**：用于跨业务、跨部门、跨层级、跨区域、跨系统的应用场景。

● **管理驾驶舱**：以驾驶舱的形式，通过各种常见的图表形象标示旅游目的地业务运行的关键指标，直观地监测业务运行情况，并可以对异常关键指标进行预警和挖掘分析，为管理者提供"一站式"决策支持的管理信息中心系统。

● **数字改革门户**：数字改革成果的集中展示和辅助决策的入口，协同应用管理界面的总集成。

● **整体智治专题门户**：旅游目的地整体智治主要领域模块的展现载体，用于反映本地区本单位践行整体智治理念、推动数字化改革的信息和服务。党的建设和"五位一体"部分，主要展示本领域的整体智治典型应用场景和最佳实践。市县工作和厅局工作部分，主要展示本地区本单位概况、年度工作要点及重大任务进展情况、特色亮点工作（多跨场景应用、揭榜挂帅、最佳实践等）、数据共享服务等内容。

2. 未来景区

未来景区运用信息与通信技术，有效整合服务要素、集成数据资源并重塑业务流程，实现信息资源共享和业务协同，推动景区服务、管理、保护、营销和运营的数字化、网络化、智能化，为旅游者、景区涉旅企业、政府主管部门提供高质量与高满意度的服务。

未来景区数字化改革以提高景区体验度、舒适度和满意度为出发点，利用新科技创新为游客在景区内打造全新体验场景，颠覆现有旅游体验模式，全面提升景区现代化、集约化发展水平，实现旅游景区深层次系统性与制度性重塑。

（1）数字化服务

文旅产业的数字化服务，旨在从更高层次满足和适应游客不断变化的需求，以游客满意度作为全面衡量和评价景区的指标，根据游客需求提供精致、合理、隐形、高效的服务，贯穿游客游前、游中、游后全程。

公共服务提供网络通信、智能停车、智能广播、智能厕所、智能多功能杆、智能标识和针对特殊群体等数字化服务，使得公共服务设施更加人性化、舒适化和便利化。

信息服务是指通过官方在线平台、第三方在线服务平台等提供多语种旅游信息在线咨询和自助查询服务。信息内容应包括景区介绍、开放时间、设施设备开放状态、日最大承载量、瞬时承载量、天气状况、环境数据、宜游指数、活动安排、注意事项、交通信息、周边信息、应急药品、应急医疗设备等，多渠道旅游信息及时更新、准确无误。

预约服务提供景区门票、参观券、景区导游、停车位、餐饮休憩、娱乐项目、旅游商品等分时段预约服务，提升游客舒适感。突发事件发生时，统一取消预约服务，并及时告知游客。

售票检票服务，指通过官方在线平台、第三方在线服务平台等提供售票、在线订单查询、修改、取消等服务，退票后检票码作废，更新后的售票服务，具备将数字化票券（电子票）打印为实物票券的功能；另外，还提供移动终端、检票闸机等检票服务，支持二维码、近场通信、身份识别、红外测温、智能安检等检票服务。

导游导览提供电子语音讲解器、移动应用程序、二维码等多语种自助导游讲解服务，并且提供以红色旅游、乡村旅游、研学旅行、康养旅游等为主题的科普性数字化导览服务，基于景区电子地图和游客需求的游线规划与引导，提供主要景点、进出口、游客中心、餐饮、住宿、购物、交通站点、停车场、旅游厕所等设施的定位与引导服务。

商业服务提供景区电子商务服务，实现旅游商品、付费服务等在线销售、电子支付、电子发票服务，提供在线预付服务，未消费项目应在预约时间到期后自动退回。

应急救援提供可视化一键求助、救援报警等服务，联动智能广播、智能监控、智能标识等物联网设施，在突发事件、重大灾害等情况下提供智能预警、智能疏导服务。

投诉评价支持游客通过官方在线平台、第三方在线服务平台等进行投诉，提供在线投诉、受理状态查询、在线评价、分享等服务。

低碳服务提供在线低碳交通工具租赁、在线低碳餐饮、在线碳足迹计算器等服务。

衍生服务提供统一的二维码服务，实现景区入园、消费支付、门禁进入等使用同一二维码，提供云旅游、云直播、云展览等服务，提供个性化行程定制、信息推送、人文关怀等服务。

（2）数字化管理

数字化服务需要相应的数字化管理保障实施，因此需要深入推进数字变革，智慧赋能景区管理，使数字化管理更好地服务于景区管理和工作人员。景区数字化管理包括以下内容。

管理驾驶舱实现信息集成、管控可视、交互联动、动态管理、指标预警、分析决策等功能。

应急指挥管理实现视频会议、指挥调度、应急处置、多部门联动等功能。

客流管理实现瞬时承载量、游客画像、热力分布图、消费行为、在线黑名单、客流预测等功能。

车船调度管理实现观光车辆（船只）的信息查询、智能排班、实时定位、语音调度等功能。

停车场管理实现车牌识别、统计分析、车流状况、车流预测等功能。

在线办公实现日常办公事务、财务管理、人力资源管理、资产管理、营销管理、运营管理等在线处理。

人员管理实现工作人员、讲解人员的人员排班、实时定位、通知发送、语音对讲、紧急调度、事件管理、绩效管理等功能。

商铺管理包括商业资源部署、商铺经营、经营监管、合同管理、物业规范等。

安全管理实现自动探测、风险预警、指挥调度、电子巡更、电子围栏等功能。

（3）数字化保护

运用数字孪生、物联网、大数据和人工智能等技术，加强未来景区的风景名胜资源、文化文物资源、自然生态环境的保护与利用工作，开展智能绿色旅游，优化运营保证效率。

资源科学保护与利用，实现自然资源、人文资源、环境资源、设施设备的数字化监测、预警和保护。

数字化文物保护利用项目彰显旅游目的地文化特色，有效助推当地经济社会发展，通过数字化旅游线路设计、展陈展示、讲解体验，多元化打造线上线下观众沉浸式互动体验场景。

智能绿色旅游开展文明旅游、绿色景区、绿色场馆数字化宣传，提供在线低碳数字化管理、低碳交通工具和绿色消费行为的智能引导，通过相关数字化产品、设施和服务，为游客带来亲近自然、学习自然、保护自然的体验与经历。

（4）数字化营销

数字化营销是借助于互联网络、电脑通信技术和数字交互式媒体来实现营销目标的一种营销方式。文旅行业的数字化营销围绕细分市场游客的实际需求，制订相应的营销方案，旨在提升景区游客的忠诚度以及口碑。景区数字化营销包括以下内容。

利用 VR/AR/MR、数字孪生、全息投影、可穿戴设备、机器人、无人机等技术，丰富游客体验项目，吸引游客在景区停留，进而实现从全年阶段性经营向四季游、全时游转变。

通过游客消费行为分析和阳光消费，优化消费结构，提高游客游前、游中、游后多次消费欲望，为消费者提供透明的消费环境，提升游客消费舒适度。

开发科技融合的旅游伴手礼和 IP 文创产品，策划和设计景区辨识度高、容易传播的形象标识，借助社交媒体传播效应，塑造有影响力、走在时代前沿的品牌形象。

创建多渠道的官方营销宣传账号，并保持账号活跃程度。

注重国际国内市场协调发力，精确分析客源国、客源地的用户画像，实现精准营销、智能分销等功能。

通过舆情监测实现景区口碑、互联网舆情、网络关注度等舆情信息的实时监测、分析、诊断与预警等功能。

（5）数字化运营

通过智能运营中心大幅提升景区运营管理专业化水平，从重资产轻运营向资产运营并重方向发展，从重门票景区转向重综合经济，加强资源集约利用，控制景区经营管理成本，大幅提高亩产效率和管理效能，提高运营对投资回报率的贡献度。

智能运营中心可实现平台运营、品牌运营、内容运营、活动运营、用户运营、渠道运营等功能。

通过制订数字化转型规划工作方案，建立健全景区数字化服务运营管理制度，加大数字化服务运维专项资金的长效投入，开展景区数字化服务相关培训，提升数字化服务知识和技能水平。

对数字化旅游设施设备、产品和服务进行质量审核与管理，建立景区数字化服务质量评价体系和改进机制，通过在线游客投诉分析和满意度调查，持续提升景区数字化服务质量。

3. 未来文博

系统保护与传承历史文化遗产，有利于延续历史文脉，对促进城乡建设高质量发展，进而建设社会主义文化强国具有重要意义。

未来文博数字化改革利用虚拟现实、增强现实、全息成像、裸眼3D、交互娱乐引擎开发、文博资源数字化处理、互动影视等技术，增强文博承载力、展现力和传播力，提升对客服务和管理智慧化、人性化、规范化水平，成为社会和谐稳定的"黏合剂"，进而提升全民文化素养，增强文化自信，最后实现"富脑袋"与"富口袋"双丰收。

（1）数字化服务

未来文博提供一站式预约、停车、入园进馆、导览、体验、评价、分享等数字化全流程闭环体验服务。未来文博的数字化服务包括以下内容。

基础服务提供网络通信、信息服务、在线办展申请等服务。

入馆服务提供线上实名预约、智能入馆核验、观众群体线上注册、快速入馆、智能停车、自助寄存取等服务。

观展服务提供地图导航，数字导览、积分管理、智能化服务终端，采用 VR/AR/MR、元宇宙、AI 人工智能和全息投影等数字技术提供遗址、文物、文字活化体验，虚拟导游，虚拟体验空间，数字展览等服务。

活动服务提供活动入场核验、实名认证的活动签到等服务。

离馆服务提供优惠停车、在线支付、满意度在线评价、调查跟踪、智能游记、在线分享等服务。

特殊服务提供信息推送、观众关怀等服务，打造云展览、云演艺、云直播、云研学等全景式数字体验平台，让群众足不出户即可在线享受优质文博服务。

延伸服务提供观众服务数据监测分析、新媒体互动、信息监测、电子借阅等服务。

（2）数字化管理

文博场馆的现代化建设需要将数字化管理作为重要支撑，综合考虑信息化建设的目标以及文博场馆实际发展状况，科学合理地制订数字化建设架构与计划，以保证充分利用现有硬件资源、人才资源以及信息资源，加大投入力度，以实现数字化管理促进文博场馆建设的目标。

基础管理包含在线办公、数字化沟通渠道、多媒体管理、档案管理、固定资产管理等。

藏品管理包含一品一码数字化建档、查询、统计、进出库管理、工作流、数据对接等。

展览管理包含展览资源、展览流程、展览藏品、智能分析、智慧策布展等。

公共管理包含志愿者管理、观众群体组织管理、观众行为分析管理、有害信息过滤等。

营销管理包含数字 IP 文创产品开发、电子商务、网络直播、版权交易等。

应急管理包含加强多种形式应急力量建设，制订应急处置预案，综合运用人防、物防、技防等手段，提高防灾减灾救灾和应急指挥能力。

4. 未来共富数字化改革

未来共富拓宽了文化和旅游领域就业创业渠道，聚焦富民增收，推动乡村旅游与相关产业融合发展，让乡村旅游托起百姓富裕富足的金饭碗、塑造乡村宜居宜业的新形象。农民借助旅游业的发展既提高了物质生活水平，又丰富了精神世界，使得扎根乡村、振兴乡村的动力和愿望更加强烈，用"美丽乡村"在"美丽中国"壮美画卷上留下了浓墨重彩的一笔。

未来共富文旅数字化改革突出人性化高品质服务、未来科技运用、数字赋能等要素，城乡区域协调发展，补齐文化和旅游发展短板，与未来城市、未来社区、未来乡村、未来交通充分衔接，先行探索共同富裕现代化基本单元建设，建设未来景区、未来度假区、未来风情小镇、未来酒店、未来民宿、未来旅行社等未来系列产业组织形态和旅游产品，更好满足群众未来生活需求。

乡村旅游数字化提升休闲农庄、农家乐、乡村酒店、特色民宿、乡旅客栈、自驾露营、户外运动、养老养生等产品质量、服务和管理水平，增加农民经营性收入，促进当地居民高质量就业创业和旅游产业富民，培育数字乡村文化和旅游服务、管理、运营、培训团队，实现利益共享，追求景区与相关利益主体利益共享，实现全面共赢。

数字化生态保护通过物联网、人工智能、卫星遥感、高清视频监控等信息技术手段，对农业农村生态环境的现状、变化、趋势进行综合监测分析，助力推进农村生态系统科学保护修复和污染防治，持续改善农村生态环境质量。

数字营销通过数字化技术整合资源，为未来目的地周边商家与居民提供包括但不限于宣传推广、产品销售、就业创业、技能提升等在线服务。

在线课程体验通过数字化技术，为游客提供非物质文化遗产及传统工艺等在线课程体验服务。

乡村数字素养提升通过线上线下培训相结合的方式，提升农村居民和农村基层干部的设备与软件操作、沟通与协作、数字内容创建、数字安全等数字能力。

5. 未来全域数字化改革

全域旅游是指在一定区域内，以旅游业为优势产业，通过对区域内经济社会资源，尤其是旅游资源、相关产业、生态环境、公共服务、体制机制、政策法规、文明素质等进行全方位、系统化的优化提升，实现区域资源有机整合、产业融合发展、社会共建共享，以旅游业带动和促进经济社会协调发展的一种新的区域协调发展理念和模式。

随着国家治理体系的不断完善，"数字中国"建设稳步推进，智慧文旅实现快速发展，全域旅游迎来蓬勃发展的机遇。未来全域数字化改革将在发展数字旅游、完善旅游设施方面实现跨界融合发展，通过跨界、重构和嫁接，从"旅游+"向"+旅游"转变，集成与融合业态、服务和功能，激发产业倍增效应，增强旅游目的地的复合竞争力和核心吸引力。

未来全域数字化改革是以物联网、云计算、大数据、人工智能、区块链等技术在旅游体验、产业发展、行政管理等方面的应用，高度系统整合和深度开发激活全域旅游物理资源和信息资源，创新管理模式、监管模式、场景、技术、营销和服务，包含旅游大数据中心、数字化服务、数字化管理和数字化营销，提升游客的多元化旅游体验、涉旅企业的精准化服务水平和文旅主管部门的现代化治理能力，提升旅游目的地的人性化、现代化、集约化、品质化、国际化水平。通过数据归集、业务集成、丰富业态等数字化措施，有效破解旅游过程中最常见的排队长、停车难、吃住烦等痛难点问题，使群众旅行更方便更快捷、旅游体验更舒适更友好，实现全角色、全过程、全产业、全社会的社会效益，构建城与乡、企业与企业、人与人之间的共创、共享、共建、共赢。

未来全域数字化改革有利于多方利益，可实现政府、企业以及消费者的福利增长。政府可以实现区域生产总值增长、区域精准扶贫，实时掌握旅游数据、监管服务质量，集中掌控涉旅税源，使旅游产业资本化；企业可实现收入多元化、营销网络化、服务智能化、数据资产化；可实现消费者的消费透明化、购物便捷化、价格优惠化，旅游更有保障。

（1）旅游大数据中心

旅游大数据中心由全域旅游数据仓和数据中台构成，为各类数据数字化应用场景提供多跨业务协同、融合应用等服务保障。

全域旅游数据仓是数据感知、数据共享和数据计算的基础平台，能有效整合各方面的旅游资源数据，包含旅游基础数据和行业运营数据，景区、酒店民宿、餐饮、停车场、旅行社等文旅相关产业预约、票务、门禁和监控数据，可以和公安、交通、国土资源、环境气象等部门共享交换数据，包括移动信令数据、OTA 数据、互联网舆情数据等。

数据中台包括数据感知、数据采集、数据抽取、数据融合、数据分析、数据可视化、数据共享、数据服务等，可实现全周期的高效易用、安全可靠和易管理，向前端提供统一易用的接口。

（2）数字化服务

数字化服务目的是为完善旅游服务设施，为游客提供集约化、广覆盖的全域旅游数字化服务，提升旅游公共服务质量和游客体验。未来全域的数字化服务包含以下内容。

全域旅游信息发布由终端展示、全媒体信息发布平台和大数据应用系统数据接口三部分组成。全媒体信息发布平台将栏目管理、模板管理、内容发布、会员管理、全文检索等功能进行统一管理，可实现一次管理。多处使用的"一网三端"系统，终端展示兼顾了目前所使用到的包括政务网、资讯网、手机 APP、微信、微博、触摸屏等终端展示设备，支持文化和旅游信息资讯服务进社区驿站、农村文化礼堂、高速服务区、加油站、公交站点等新渠道。

"一机游"由政府引导，企业参与，市场主导，以数字科技为驱动，以目的地为核心，深耕目的地智慧服务，在各部门间实现信息资源传递，打通产业上游下游连通渠道的全域旅游数字生态共同体。"一机游"基于微信小程序、公众号、支付宝服务号、移动端 APP 或门户网站，接入整合各类公共服务资源，构建一站式、全方位、移动化、个性化的旅游服务体系，面向游客提供旅游资讯查询、旅游攻略、旅游推荐、预约预订、电子商务、交通路况、导游导览、智能停车、一码畅游、云旅游、云直播、互动体验、评价分享、一键救助、旅游投诉、极速取消、惠民服务等功能。

无感停车场提供定位导航、智能诱导、车牌识别、自动支付、无杆停车、智能寻车等服务。

数字游客中心为游客提供智能信息、咨询、游程安排、讲解、教育、休息等旅游设施和服务。

数字厕所优化厕所布局、建设智慧厕所、共享厕所资源，提供找厕所、入厕、取纸、找坑位、洗手、评价、一键呼叫等智能便捷服务，提高环境卫生文明水平。

"一件事"服务系统集成新场景，重构业务流程，深化证照分离事项改革，建立健全便民高效、标准统一、协同互信的政务服务"全省通办"机制。

（3）数字化管理

数字化管理通过大数据多维度的精准分析及有效预测，全面把握旅游行业运行态势，实现旅游主管部门对行业科学、安全、智能化的管理，提升监管的针对性、有效性和精准性，充分激发市场活力和创造力，大力推进文化和旅游市场治理体系和治理能力的现代化建设。未来全域的数字化管理包含以下内容：

全域旅游驾驶舱（公安、旅游局、景区、工商、物价、城管）支持现场通过文字、音频、视频数据与指挥中心沟通。

整体智治系统全面梳理高效协同的旅游目的地核心业务，建设数字会议、数字党建、数字人事、数字宣传、数字意识形态、数字档案、数字督查、数字科研等办公业务模块，对各项工作目标任务和指标进行在线监测，实时掌控工作进度和工作绩效，实现工作闭环。对接掌上办公平台，全面融入党政机关数字综合门户，实现机关内外的高效协同，全面实现"掌上办公""掌上办事"。

多层级数据动态管理提升了数据的精准性和时效性，强化了数据的多维度校验及溯源机制。应建立科学合理的文化和旅游产业经济运行分析体系，以经济、社会和生态的综合评优来评价区域文化和旅游产业发展质量，监测区域文化和旅游发展趋势。利用数字化手段，创新文化和旅游统计数据生产模式、制度方法和工作流程。构建"数据采集＋监测评价＋决策实施＋市场反馈"的闭环体系，将评价结果合理运用到资源配置、公共服务、艺术创作、旅游规划、市场推广等领域，实现要素配置效率最优化。

（4）数字化营销

数字化营销整合旅游资源、线上渠道及云分销渠道和营销大数据资源，能更加便捷地实现智慧营销，大大降低运营成本，提升旅游资源的产品销售管理效率。未来全域的数字化营销包含以下内容。

目的地精准营销，在多渠道获取客流车流数据的基础上，通过客源分析、车辆监控、实时人流、团队统计、旅游偏好、消费行为分析、发展预测、接待统计、游客画像、迁移地图、智能分析等，制订更加完善的营销策略。

舆情监测可以实现口碑、游客忠诚度、互联网舆情、网络关注度等舆情信息的实时监测、分析、诊断与预警等功能。

统一支付可实现聚合支付、电子税票等功能，统一接入线上支付平台，方便游客沉淀消费数据，结合旅游大数据更方便行业的经营和监管。

文旅品牌传播可实现文创孵化、品牌塑造、融媒体、舆论引导、品牌传播等。

四、未来旅游目的地数字化转型优秀实践案例

（一）未来景区案例：肥西县三河古镇

1. 建设背景

三河古镇位于江淮大地、巢湖之滨、省城合肥西南，距今已有2500多年历史，素有"千年古镇、风云战场、名人故地、美食天堂"之美誉，是国家 5A 级旅游景区、中国历史文化名镇。为了进一步提升景区数字化管理服务水平，三河古镇通过数字化建设，借助物联网、云计算、大数据等先进技术，加强顶层设计和统筹协调，完善技术标准，整合信息资源，构建了由"一个平台"和"五大管理"为框架的景区数字化体系，开启了三河古镇景区智慧化管理高质量发展新篇章。

2. 相关建设内容

（1）综合管控整合"一个平台"

"一个平台"即智慧景区一体化综合管控平台，通过景区信息、数据资源的共建共享，实现景区智慧管理、服务、营销的跨平台、跨网络、跨终端综合应用，不断优化景区运营效率，提升游客旅游体验品质。智慧化管理系统通过各个子系统全面贯穿景区核心管理环节，整合系统资源，实现数据共享，统一操作界面，优化业务流程，让用户在系统的管理操作上更加便捷、简单，让景区管理运营工作更加安全，更有效率。

（2）智慧景区细分"五大管理"

"五大管理"即云数据管理、综合管理、景区设施设备管理、企业诚信与人员管理、游客服务五大管理系统。通过云数据平台支撑、综合管理业务流贯穿、设施设备硬件管理与企业诚信软件管理相结合、游客服务贴心入微的五大管理系统相辅相成，全面提升景区智慧化管理服务水平，促进景区管理服务从被动、事后，向全程、实时联动一体化管理服务转变。

● 云数据管理。为了明确管理职能，提升管理效能，三河古镇设立了智慧旅游景区综合数据中心。通过建设景区级数据中心，对数据进行采集、存储、流转、聚合、分析，实现三河古镇系统集成及业务协同。通过建设数据交换系统，实现文旅局与景区纵向数据交换。

● 综合管理。结合三河古镇运营管理实际，完善景区在视频监控、客流分析、巡更巡检、资源环境监测等九大领域的智慧化信息化水平，以数据跑腿提高景区综合管理能力和效率。

● 设备设施管理。基于云3DGIS地图的景区设施设备管理系统，对三河古镇景区内古建筑房屋、摄像监控设备等建立档案，合理有效地保护和维护景区内设施设备的完整性、可持续性、性能持久性（见图5-2）。

图 5-2　三河古镇基于云 3DGIS 地图的景区设施设备管理系统

- 企业诚信与人员管理。基于 B/S 架构，以加强旅游诚信建设、规范旅游市场秩序为目标，对景区涉旅企业、商户、涉旅人员的奖惩信息进行记录，形成旅游诚信经营红黑榜，为景区完善涉旅企业、涉旅人员管理提供支撑和辅助，为游客旅游消费提供参考和建议，促进景区诚信体系发展。

- 游客服务。三河古镇景区从游客的实际需求出发，充分结合景区特色，将线上线下服务板块进行有机融合，一方面就线下对客服务窗口进行智慧化监管，另一方面将微信公众号及小程序作为线上游客服务窗口为游客提供各类服务功能，全面展现景区独特魅力，树立景区良好服务形象，进一步提升景区服务水平（见图 5-3）。

| 微信主页 | 旅游三河 | 文化三河 | 虚拟旅游 |

图 5-3　三河古镇景区数字化服务窗口

（3）综合管理系统助力景区高效运转

综合管理系统基本贯穿景区管理服务的各个方面，通过数据多跑路、人员少跑腿，实现景区各环节闭环管理服务，大大提高了景区管理服务效率。

● 视频监控系统。基于数据中心和 3DGIS 支撑引擎，构建三维、立体、动态联动、可视化的智能视频监控系统，500 个摄像头实现对景区 4.71 平方公里内的景点、重要道路、危险区域、出入口、停车场、游客中心等重要区域的全面实时监控与存储，保障景区和游客的安全。

● 客流分析与智能疏导系统。游客流量监测与智能疏导系统包含出入口客流计数管理、总量实时统计、滞留热点地区统计与监控、流量超限自动报警等功能。借助云计算、3DGIS 引擎、无线网络定位等技术，与智能视频监控数据进行融合，通过实时监测、疏导分流、预警上报、特殊预案等手段对景区实时游客流量进行监测控制，并在游客数量即将达到景区最大承载量的时候发出高峰预警，对游客进行智能疏导（见图 5-4）。

图 5-4　三河古镇游客流量监测与智能疏导系统

● 巡更巡检系统。基于 3DGIS 支撑平台的巡更巡检系统可以实现对巡视状态和结果的三维可视化管理。该系统由视频监控、身份识别、电子巡检、应急通信、告警系统、3DGIS/GPS 组成。巡更巡检系统结合了三河古镇景区日常管理实际情况，在日常使用过程中，市容管理人员每天对景区安全开展定点、定时巡查；由系统对市容队员的巡更情况进行确认和记录，并对巡查情况进行检查和管理，发现问题及时上报处理并记录处理过程。通过巡更巡检系统的统计数据、实时巡查、问题反馈等手段，为旅游管理部门提供了包含基础设施状况、卫生状况、客流密度等一线信息，为景区高质量高效运转提供了有效的数据支撑。

● 资源环境监测系统。利用传感器、互联网、物联网、云数据及 GIS 等信息技术，搭建集数据自动采集、实时动态监测、自动预警报警、在线可视管理等功能于一体的三河古镇空气（温度、湿度、PM2.5）、河流湿地（水位、流速、水质）资源环境动态监测系统，保持景区环境可持续发展（见图5–5）。

图 5–5　三河古镇资源环境监测系统

● 智能防火预警系统。三河古镇景区历史悠久，古街区内多木质结构建筑，预防火灾是景区管理的重要一环。智能防火预警系统主要包含气象火险预测预警和实时火灾监测预警。一方面通过历史气象数据和未来预报数据计算景区气象火险等级预测信息；另一方面通过红外光谱探测技术智能识别早期火险灾现象，将可能造成的损失降到最低。

● 停车场管理系统。在以自驾游为主要出行方式的当下，满足游客的停车需求成为做好旅游服务的重要一环。三河古镇景区停车场管理系统在一般停车场管理系统的基础上，加强对景区车辆的状态监控和即时通信能力，与视频监控系统、广播系统等互联互通，方便管理人员实现对景区运营状况的全面感知和把控，以提高景区资源的利用效率。

● 智能广播系统。可实现全区广播、分区广播、强插性信息广播和紧急广播等多个功能，应用于景区内氛围营造、突发事件处置、紧急通知等多个场景。

● 舆情监测系统。实时对重点媒体、论坛、博客、微博等渠道舆情信息进行动态监控，将海量信息按照信息内容的正负面、影响力、信息属性及时间等进行分类，提取相关信息，自动生成相应报告及预警提示，以便管理人员对舆情事件进行及时预警和处置。

● 文物管理系统。三河古镇景区内重要文物众多，特别是民俗园、大夫第内有数千个馆藏文物，需要对景区三河大战风云馆、民俗园、大夫第内重要馆藏历史文物做好分类登记，建立管理档案，将其以图文并茂的形式展现给游客。文物管理系统的主要功能包括：数据输入、藏品提借、事故登记、统计账册和二维码管理（见图5-6）。

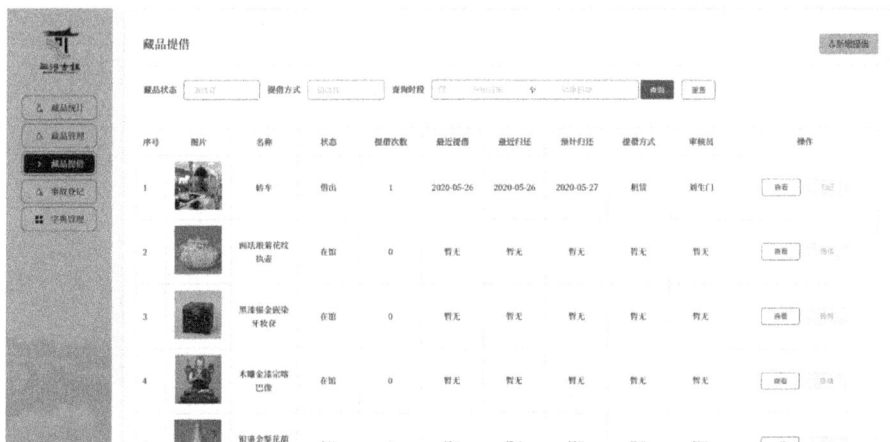

图5-6　三河古镇文物管理系统

通过景区智慧化管理体系的构建，三河古镇实现了信息化管理新的突破，解决了景区管理中存在的信息资源缺乏、信息化服务水平较低、智能化监管能力不足三大弱项，通过智慧化管理体系，大大提高了景区管理能力和服务水平。下一步，三河古镇将顺应新形势下智慧旅游工作发展方向，推动景区高质量管理，更好地满足人民群众美好生活的需要。

（二）未来文博案例：镜泊湖云旅游博物馆

1. 建设背景

牡丹江镜泊湖旅游集团有限公司成立于 2008 年，旗下旅游产品包括火山口地下森林景区（4A），镜泊湖景区（5A）内导览车、游船及部分宾馆酒店，同时包括渔业产品养殖售卖、旅行社等经营类项目。镜泊湖云旅游博物馆由镜泊湖旅游集团投资建设，将科技赋能于博物馆，打破传统，加快产业转型升级。博物馆以镜泊湖的形成原因、生态资源、自然景观、人文历史、未来探索为展示互动主线，配合沉浸式互动体验，投影触摸等互动项目，让游客深入了解镜泊湖的人文历史以及独有的堰塞湖生态资源。将其打造成一个科技赋能的云旅游博物馆，吸引全国各地科技爱好者与历史爱好者前往。

2. 相关建设内容

博物馆内的场馆集沉浸体验与知识性于一体，为游客带来独一无二的旅游体验。展馆划分为以下五个部分。

序厅为"云旅游博物馆"引言篇章，通过地球投影、创作主题画等方式展示镜泊湖的宏伟与壮丽（见图 5-7）。

图 5-7　镜泊湖云旅游博物馆序厅

"地球奇迹"篇，通过地球模型以及展柜的方式来阐述镜泊湖是如何形成的。同时，博物馆研发的自主互动环节通过投影触摸让游客更加深刻地了解如今的镜泊湖是如何从 4000 年前的火山喷发演化而来（见图 5-8）。

图 5-8　镜泊湖云旅游博物馆"地球奇迹"篇

"镜泊奇境"篇，主要集中展示镜泊湖的生态资源，其中包括水系、气候、地质、传承渔猎以及航道船运等资源。为增加体验感，除了以传统的 LED 高清大屏和数字沙盘展示的动态生态资源外，在此区域加入雷达触摸的方式对镜泊湖的鱼类进行展示，视觉与触觉的结合让游客能更加形象地了解镜泊湖的生态资源（见图 5-9）。

图 5-9　镜泊湖云旅游博物馆"镜泊奇境"篇

"镜泊奇景"篇，主要通过互动的方式呈现镜泊湖的壮美景色。将熔岩隧道场景复原，使游客能够近距离地感受到溶洞的千姿百态以及幽雅恬静。同时，72 平方米的封闭展厅模拟还原的吊水楼瀑布，使游客能够身临其境地感受到它的磅礴气势，带给游客更震撼的体验感（见图 5-10）。除此之外，游客同样也可以通过查询触摸以及点播的方式一览镜泊湖的美景。另外，博物馆引入了 7D 影院剧场，通过高科技的影音技术和前卫的呈现方式，让游客完全沉浸其中，深切感受四季变化中的镜泊湖。

图 5-10　镜泊湖云旅游博物馆"镜泊奇景"篇

　　"文明奇遇"篇，主要展示镜泊湖的历史人文故事。通过镜泊湖文化走廊展示镜泊湖的传说、文明形成、当地民族、近代故事、红罗女典故等。以 LED 高清大屏的方式呈现渤海国当时的盛景，通过文化墙来展示当时渤海国的民族风情、农耕文化、人文景点等，让游客更加深入地了解镜泊湖人文风情（见图 5-11）。同时，以红色革命和红色抗联为主题，对过往的英雄事迹以及贡献进行展示与讲解，让游客尤其是中国新一代的年轻人勿忘历史，牢记使命。

图 5-11　镜泊湖云旅游博物馆"文明奇遇"篇

"未来奇点"篇，主要呈现镜泊湖的大事记、领导关怀，以及未来发展等内容，同时展陈有关镜泊湖的生态保护以及科普教育等具体内容（见图5-12）。

图 5-12　镜泊湖云旅游博物馆"未来奇点"篇

（宋夫华　浙江卓锐科技股份有限公司创始人）

高峰按：

宋夫华开篇生动的 2030 年未来旅行描述，让我们对未来的旅行充满向往。旅游业是现代服务业的重要组成部分，已经成为我国国民经济的战略性支柱产业。各地积极推进旅游为民理念，发挥旅游带动作用，释放"一业兴、百业旺"的乘数效应，就必须坚持以文塑旅、以旅彰文，推动文化和旅游融合发展，以文化引领旅游发展，用旅游促进文化繁荣。智慧文旅是游客市场需求和现代信息技术的结合，围绕当地文化资源和特色文化元素，借助互联网数字技术，实现旅游景区的全面智慧升级、文旅产业的数字化重构，为旅游业高质量创新发展提供了新动力。自全域旅游上升为国家战略后，智慧文旅开始向区域资源整合、产业融合、共建共享的全域旅游发展模式加速转变。从旧城改造、传统景区提升、乡村振兴、文旅小镇，到线上线下结合的服务和个性化、多样化文旅体验，智慧文旅拥有广泛的应用场景。宋夫华认为建设领先的数字文旅、数字乡村和数字展陈建设运营团队，凭借智慧旅游云计算平台，可以创新开启智慧文旅云服务模式，让智慧文旅建设像点单一样简单便捷高效。

CHAPTER 6

第六章

智慧产业链场景：
大数据驱动产业经济智能化运行

为顺应产业链创新发展趋势和潮流，解决产业链数智化进程中的难题，亟需设计构建一整套一站式的知识计算平台，打通从数据到知识再到认知决策的流程，通过结合行业知识与人工智能技术，实现数据与知识双轮驱动，推动人工智能进入产业链核心生产系统。

一、产业链数智化转型浪潮势不可挡

（一）全球产业链重塑与区域产业竞争优势打造

1. 全球产业链加速重构

新冠肺炎疫情的蔓延，使全球产业链供应链的安全稳定运行受到重大冲击；俄乌冲突更使本已受到重创的全球产业链供应链遭遇新的打击。在严峻的国际形势下，全球经济增速放缓、风险加剧，进一步加速了全球产业链的重构。世界各国基于对安全的考量，更多地强调产业自主可控，加大对产业链关键技术研发和封锁力度，全球发达经济体更是鼓励产业回流本国，使得产业链向区域化、本土化方向发展，国际大循环的动能明显减弱，全球产业链和供应链甚至出现了暂时性断裂。随着全球化踩下急刹车，除了出现产业链环节的回流与中断外，本土区域产业链联系则变得更为紧密，跨行业和跨业态深度融合加快推进，并且在广泛布局可替代的产业链供应链进程中，区域产业链供应链的多元化进一步提升。从长期态势看，基于人工智能、元宇宙、

5G、大数据等新一代信息技术的快速发展，以及全球要素禀赋格局的变化，产业链将呈现知识化、数字化和智能化趋势。新一轮国际科技博弈，将直接推动全球产业分工格局发生变化；新技术的发展应用，不仅带来了产业思维模式的改变，催发了新需求的产生，还将推动不同生产要素的相对重要性发生变化，进而使不同国家间的资源禀赋优势发生变化，最终影响全球产业分工格局。

全球产业链供应链正处于动荡变革期，脆弱性开始暴露，各国纷纷开始加强供应链韧性。美国白宫公布了2022年振兴美国制造业和确保关键供应链安全的计划，并把目标聚焦在"备份"战略竞争对手的产业链供应链；德国出台保护性措施，强化把握技术自主权；日本着重推动增强国内生产能力，建立供应链国际互补机制，收紧技术投资和出口监管，防止重要技术流失。中国经济面临挑战，一方面存在产业链高端回流风险，美国启动对华经济"脱钩"政策，近年对中国高科技领域企业的打压和中美贸易冲突导致部分产业面临产业转移和贸易转移双重风险，与此同时，中国在全球产业链中的地位仍以中低端为主，一些关键零部件、关键材料和关键元器件等严重依赖进口，关键技术掌握在西方发达国家手中，存在"卡脖子"的问题；另一方面则面临中低端"分流"压力，随着我国劳动要素成本的上升，加工贸易环节面临一些发展中国家的分流、挤出问题，存在制造业外移风险。但在新发展格局下，面对外有围追堵截、内有转型之困等挑战，中国已然走在破局的正确道路上，正建立以国内循环为主的产业链，以产业链创新链融合促进经济能级跃升，积极应对全球产业链新变局。

2. 打造区域产业竞争力

全球未来的产业布局呈现出智能化、低碳化等特点，战略性新兴产业正在崛起。各国纷纷加快对半导体、人工智能、大数据、区块链、物联网、量子技术、下一代网络通信、机器人、智能计算、数字经济、虚拟和增强现实、智慧城市等产业部署，并关注新能源、低碳工业、低成本核能等产业。同时，各国通过加速推动新兴技术与传统产业的融合以发展未来产业，打造产业经济新优势。

美国 2021 年发布的《美国就业计划》《无尽前沿法案》《NSF 未来法案》、NSF 未来制造业项目等报告或法案中，都涉及人工智能、量子信息科学、高性能计算等领域，并提出进一步加大对新兴技术群的投入，设立新型研发机构，创建新的技术管理机构，加强人才培养。日本 2020 年发布的《科学技术创新综合战略 2020》中，明确提出布局人工智能、超算、大数据分析等领域，推进知识产权战略和国际标准化战略，提出培育"社会 5.0"所必需的基础技术和跨领域科技人才。英国、法国、德国对未来产业的布局也围绕人工智能与数字经济展开。在构建国际竞争新优势、掌握产业发展主动权的进程中，全球其他主要国家的共同特征是对创新生态建设极为关注，针对新兴技术领域加大研发布局力度，对技术安全保护持续加强，在强化人才培养和引进的同时加大资金投入力度，以抢占科技制高点。

中国在区域产业链竞争力打造方面以数字经济、双链融合为指引，聚焦数字技术与产业链深度融合，发展区域新型产业集群。面对全球产业链重塑新趋势，我国各个省市因势利导，以自身优势为基础谋取破局之策，推动经济高质量发展。北京市将构建"2441"高精尖产业新体系，即做大新一代信息技术和医药健康两个国际引领支柱产业，做强集成电路、智能网联汽车、智能制造与装备、绿色能源与节能环保四个特色优势的"北京智造"产业，做优区块链与先进计算、科技服务、智慧城市、信息内容消费四个创新链接的"北京服务"产业，加快布局生物技术与生命科学、双碳技术等一批未来产业；粤港澳大湾区对标世界三大湾区，提出推动互联网、大数据、人工智能和实体经济深度融合，大力推进制造业转型升级和优化发展，推动新一代信息技术、生物技术、高端装备制造、新材料等发展壮大为新支柱产业；上海将构建"3+6"的新型产业体系，协同长三角建设高端产业集群。

（二）新一代人工智能与智能经济发展

1. 人工智能走向 2.0

诞生于 1956 年的人工智能（AI）正走向 2.0，并且正在成为引领本轮科技革命与产业变革的战略性技术、驱动性力量。人工智能在走向新一代的进程中已显现出五大趋势，即基于大数据的深度学习与知识图谱等多重技术相结合并不断进化、基于网络的群体智能已经萌芽、人机融合增强智能发展迅速、跨媒体智能兴起、自主智能装备涌现。这五大方向与 5G、工业互联网、区块链等结合在一起可能成为实体经济和虚拟经济变革的核心驱动力。它将催生更多的新技术、新产品、新业态、新产业、新区域，使生产生活走向智能化，供需匹配趋于优化，专业分工更加生态化。

纵观全球人工智能发展现状，美国、英国、法国、德国、加拿大、日本、印度、新加坡等国陆续发布了人工智能战略，积极推动人工智能研究开发和产业应用。2021 年，美国密集出台了《美国创新与竞争法案》《人工智能和机器学习战略计划》、美国国务院新版《企业数据战略》《政府对人工智能数据的所有权和监督法案》、美国参议院通过的《人工智能劳动力培训法案》等 6 部关于促进 AI 发展的法案与计划，并新成立了国家人工智能咨询委员会、国家人工智能研究资源工作组，新增 11 个国家 AI 研究中心，新增 AI 预算 26 亿美元，力争保持全球领导地位。欧盟人工智能发展战略由"强监管"转向"发展和监管并重"，其于 2021 年出台了 AI 监管框架，明确了四类不同风险等级的 AI 技术以及相应的监管举措，并且成立了欧洲人工智能委员会来统筹协调 AI 联合行动计划，重点推进能源数字化联合研究计划。法国追加 22 亿欧元经费研发嵌入式 AI 与可信 AI 技术，投资 8 亿欧元发展机器人产业。

我国人工智能产业在政策、资本、市场需求的共同推动和引领下快速发展。2017 年 7 月，国务院发布《新一代人工智能发展规划》，明确指出新一代人工智能发展分三步走的战略目标，到 2030 年使中国人工智能理论、技术与应用总体达到世界领先水平，成为世界主要人工智能创新中心。2021 年《中华人民共和国国民经济和社会发展第十四个五年规划和 2035 年远景目标纲要》将"加快数字化发展，建设数字中国"作为独立篇章，提出打造数字经济新优势，促进数字技术与实体经济深度融合，加快数字社会、数字政府建设，科技部持续资助新一代 AI 重大项目（5.34 亿）和支持国家新一代 AI 创新发展试验区的建设，工信部组织开展 AI 产业创新任务揭榜工作，教育部也推出了 AI 助推教师队伍试点工作。规划明确提出瞄准传感器、量子信息、网络通信、集成电路、关键软件、大数据、人工智能、区块链、新材料等战略性前瞻性领域，提高数字技术基础研发能力。

2. AI 驱动的智能经济

进入新世纪以来，以数字化、网络化、智能化为特征的新一轮信息化浪潮蓬勃兴起，推动两化深度融合向纵深发展。在国家新一代人工智能战略的推动下，新一代人工智能相关学科发展、理论建模、技术创新、软硬件升级等整体推进正在引发链式突破，大数据智能、人机混合增强智能、群体智能、跨媒体智能等新一代人工智能技术将成为产业变革的核心驱动力，加速经济发展、提高现有产业劳动生产率、培育新市场和产业新增长点、实现包容性增长和可持续增长，成为智能经济发展重要抓手。

中国工程院院士、中国人工智能产业发展联盟理事长潘云鹤提出中国智能经济发展将在五个层次展开，包括工厂生产智能化、企业经营智能化、产品创新智能化、供应链接智能化。

（1）工厂生产智能化

工厂生产智能化主要面向某一产品或半成品的完整生产系统，其由若干生产单元或作业单元组成，完成工厂级的生产组织、物料配送、设备运行监测、产品质量控制、能源资源调配等生产活动，构建智慧化应用场景，实现不同智慧单元协同高效运转（见图6-1）。

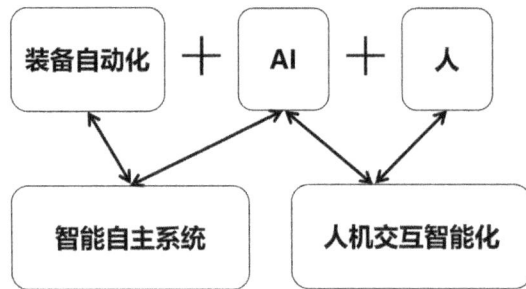

图6-1 工厂生产智能化

（2）企业经营智能化

企业经营的智能化主要面向企业整体经营管理活动，汇聚用工需求预测和分析、生产成本管理、财务管理、资产管理、情报管理、决策管理、细分市场、技术路线选择等诸多管理决策，构建企业智慧决策中心，实现对经营管理活动的实时监测、科学分析决策和精准执行，重塑企业组织结构、业务模式、管理机制和员工队伍，从而更快更准更高效地适应市场竞争（见图6-2）。

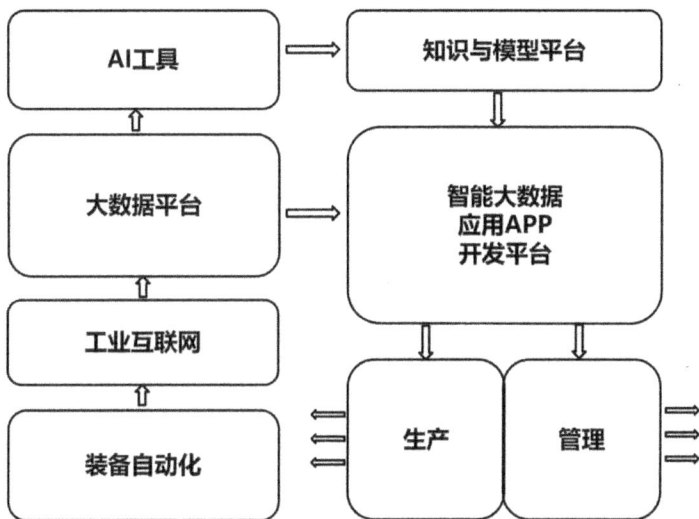

图6-2　企业经营智能化

（3）产品创新智能化

产品创新智能化至少包含两个层面的涵义：一是产品成果的智能化，二是创新过程的智能化（见图6-3）。传统的产品、服务通过与计算机、人工智能技术结合，使用芯片、传感器、物联网、云计算、大数据、控制与自动化技术，创造出新的产品形态，赋予产品灵敏准确的感知功能、智能控制的功能和智能服务的能力。智能汽车、智能家居、无人机、智能物流都是产品创新智能化的具体应用。产品创新智能化的第二层含义，是创新过程的智能化。在研发阶段，实时反馈消费者大数据洞察、数据驱动产品研发、柔性供应链管理情况，从小样本抽样调研，升级为大样本、全样本消费者洞察，帮助企业更准确地探查市场需求。在市场推广阶段，互联网技术为首发新品提供潜客洞察、精准试用、试销策略、上市策略，帮助提升新品首发的成功率。大数据智能驱动的产品创新过程颠覆了以往漫长、高风险的研发过程，大量的设计组合都可以在计算机中模拟市场运作，排除掉大量风险，筛选出最适宜的几个目标方案。

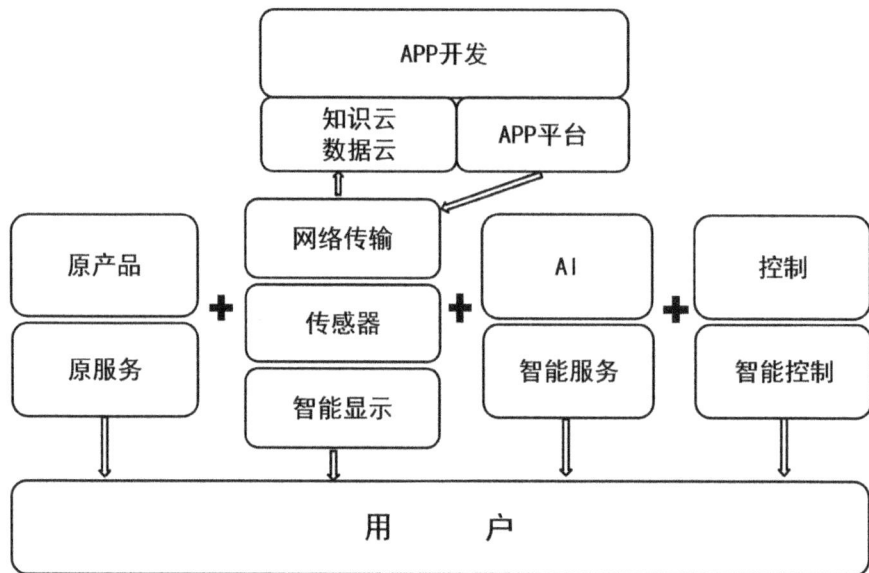

图 6-3 　产品创新智能化

（4）供应链接智能化

供应链接智能化是指企业通过上下游和利益相关方构成共生开放系统，集成供应链的风险管理、物流管理、零部件管理、供应链金融管理、供应链优化等服务，搭建产业间的智慧协同服务平台，构建企业上下游和利益相关者共创共享价值的机制，实现供应链生态系统各方的共生共赢（见图6-4）。华为的供应链管理就是供应链智能化的最佳案例之一。通过汇集学术论文、在线百科、开源知识库、气象信息、媒体信息、产品知识、物流知识、采购知识、制造知识、交通信息、贸易信息等大量数据，构建华为供应链知识图谱，实现供应链产品最优化。

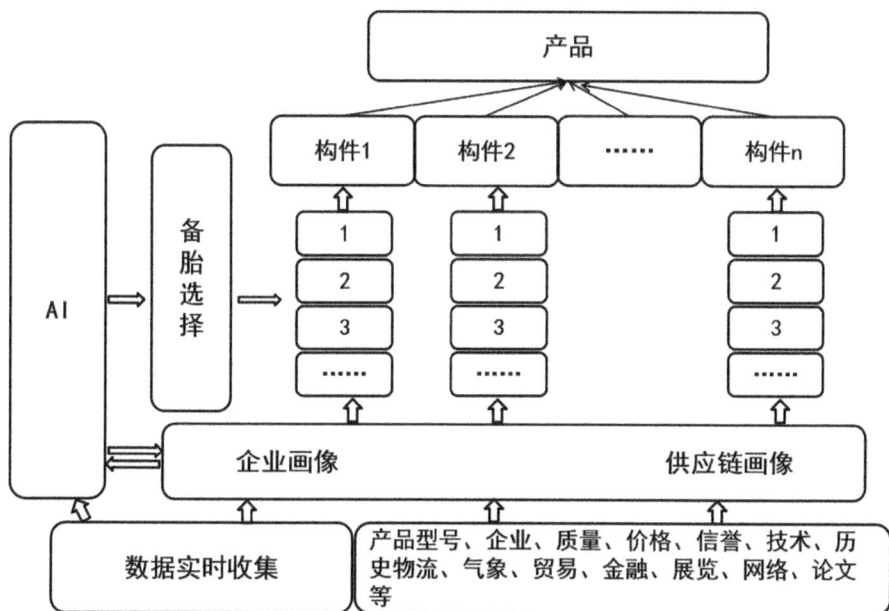

图 6-4 供应链接智能化

（5）经济调节智能化

经济调节需要开展区域经济监测、经济景气预警、产业趋势分析、政策分析优化、竞争合作分析、产业链梳理优化、招商辅助决策以及企业群发展分析等方面工作，其复杂性、多样性的特点急需引入新一代人工智能技术，建立政、产、学合作的产业经济智能运行平台，用于区域经济监测与预警、产业链全球精准合作招商、企业综合评价，为政府经济调节提供智能辅助服务（见图6-5）。当今世界，区域经济管理者运用人工智能分析、调整、发展区域经济，可实现经济治理能效提升，这一领域尚属无人区，可用新一代人工智能技术推动体制创新。

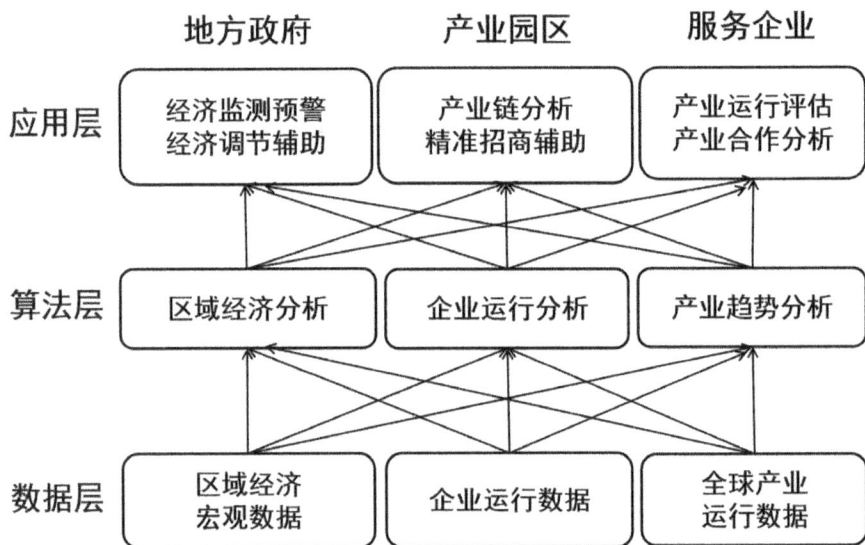

图 6-5　经济调节智能化

我国具有长期信息化积累的互联网和大数据基础，有着对新一代人工智能技术的前瞻性分析和规划，有着各级党政部门的系统部署和推动，可以相信，中国人工智能技术和产业，以及中国工业互联网，完全有能力促进中国经济和社会走向高质量、高水平的快速发展期。

二、产业链数智化转型面临的挑战

新兴科技的进步和全球化进程使社会生产的分工和协作愈发纷繁缜密，产业链数字化、智能化持续推进，对于各级组织而言，都必须抢抓这一机遇，在日益激烈的产业竞争环境里，发挥各自职能，塑造核心竞争优势。对于政府而言，旨在实现产业运行监测、产业风险预警、产业资源优化配置等政府职能的产业链治理已成为政府数字化转型的必经之路，也是塑造区域产业竞争核心优势的必然选择。对于企业而言，旨在管理协调相关供应商、服务商、分销商等合作伙伴的产业链治理已成为公司治理的重要组成部分，特别是对于全产业链业务格局的企业集团和产业链条中的核心企业而言，有效的产业链治理是提高绩效、将自身优势延伸衍化成行业和产业控制力的重要手段。但无论是政府、企业，还是其他的组织机构，在走向产业链数智化转型的道路上，都面临着共同的瓶颈和痛点。

（一）产业数据壁垒难以打破

目前来看，无论是政府，还是企业，在产业链数智化治理的过程中，面对的数据烟囱、数据孤岛问题依然严重。庞大的政府机构中各部门各自为政独立开展本单位信息化建设，政务大数据无论是逻辑上还是物理上非常分散，大量相同的信息在不同的部门被重复采集和存储，但却格式各异、内容不一，导致数据难以汇集共享。企业走向数智化转型过程中同样存在类似窘境，一是企业各部门、各层级之间存在着不同的信息化系统，数据在跨部门跨层级之间的流通缺乏统一标准和有效整合；二是在面向外部决策，或者面向企业所属产业链进行市场战略决策时，企业内部与外部之间的数据通道是割裂的，企业与产业链上下游、横向同行、政府部门之间存在巨大信息差，无法有效打通整合分散式碎片化存在的数据壁垒，进而无法做出有效的市场战略决策。产业大数据分析过程中客观存在的内外融合难、上下对接难等问题，是在构建网络化、数字化、智能化的产业链数智化转型方向上的巨大堵点。

（二）产业知识无法沉淀反哺

由于人工智能技术的发展加速了人类知识的更新速度，激烈的市场竞争使组织对信息的价值产生了深度挖掘的需求，信息的来源也随着生产力的发展而不断拓展，从而要求组织具备能够理解并处理比以往更多、更快、更复杂的信息与知识的能力；同时，传统的 IT 系统多以流程和管控作为任务目标，缺少智能化的技术手段，无法有效处理和应对信息与知识的爆发，这一点也已成为普遍共识。总体来说，当前组织在知识的分享与应用、驱动业务增长方面存在以下四点缺陷。

一是组织的知识化程度低。知识载体多样，形式复杂，在大多数行业，大量存在的非结构化数据缺乏知识化管理与应用手段，造成数据沉睡。

二是组织的知识挖掘困难。各类知识之间的相关性、知识的深层次隐性关系的挖掘，仅依靠人工发现、手工整理和维护，知识的完整性无法保障，并且工作量繁重、效率低下、执行困难。

三是组织的知识流失严重。知识并未固化为组织资产，人员流失带来知识流失，专家经验和企业专业知识难以传承，知识沉淀的缺失对组织的长期发展产生严重制约。

四是组织的知识共享困难。组织间存在知识壁垒，跨部门、跨项目知识共享和协作困难，员工缺乏动力去更新、分享经验知识。

因此，组织普遍缺乏高效便捷的知识生产、组织和应用能力，进而无法满足业务场景智能化的需求，也不能解决大多数组织缺乏构建和运用知识的能力的痛点，无法把结构化、非结构化的数据，以及显性、隐性的知识进行多源整合和进一步的加工处理。

（三）产业决策协同效率低下

产业链是动态发展和变化的企业间战略关系，产业链数智化转型涉及社会方方面面，既需要政府这样的"链长"单位来牵头组织、积极引导，更需要诸多的"链主"龙头企业和产业链上下游千千万万的市场主体共同参与，携手推进。在这过程中，各主体之间、各组织之间的协同性直接影响产业链数智化转型的步伐。

当前，政府作为产业链治理的"链长"单位，同级政府之间需要跨多部门，不同级政府之间需要跨省、市、区、县等多层级，信息化系统多样化、数字化能力差异化等问题给数据流通和产业决策带来了严重的时效影响，政府难以做出及时的、精准的、有效的产业决策。对于作为"链主"的龙头企业以及其他企业而言，一方面公司内部各部门间存在信息流通障碍，另一方面公司与外部组织之间更是存在各种壁垒，导致企业在对外做市场战略决策时，内部难以快速达成统一高效的决策机制，更不能与产业链上下游市场主体之间形成有效的协同，大大削弱了区域产业发展势能。

三、基于认知计算的产业链决策智能系统（1+1+3）

（一）一站式认知计算平台

在人工智能理论与技术逐渐成熟并且正在产业界火热开展场景落地应用的大背景下，通过数据与知识双驱动的新一代人工智能实现范式逐渐成为技术主流，知识计算是解决行业知识与人工智能结合的一条全新而且有效的路径，华为等行业领军企业也已发布了相关解决方案，助力企业打造自己的认知计算平台。潘云鹤院士认为："知识计算研究各种知识表达、学习并将各类知识转化为可计算的模型，协同数据联合建模，面向行业提供知识应用全生命周期解决方案。知识计算充分发挥知识价值，有效助力人工智能认知、决策和学习，为产业网络化、数字化、智能化的转型提供有力支撑。"

为顺应产业链创新发展趋势和潮流，解决产业链数智化进程中的难题，亟需设计构建一整套一站式的知识计算平台，打通从数据到知识再到认知决策的流程，通过结合行业知识与人工智能技术，实现数据与知识双轮驱动，帮助人工智能进入产业链核心生产系统，为行业智能化转型升级带来新的驱动力，也为行业创新带来无限可能。

1. 数据治理

在多源异构数据处理方面，认知计算平台将支持数据接入、数据集成、数据治理及数据资产的管理。

数据接入方面，平台应支持 TB 级海量数据接入，为企业的数据资产管理搭建高效的数据连接汇聚通道。同时系统要预置异构数据源快速接入与高效汇集能力组件，可对接传统关系型数据库、非关系型数据库、主流国产数据库、实时流数据等，实现跨部门、多业务系统对接。未能支持的数据源，平台提供二次开发和扩展定制能力帮助快速接入。

数据集成方面，平台提供可视化数据开发能力，支持对汇集完成的数据资产进行无码化的加工处理，内置计算算子，帮助用户通过可视化拖拽分析与向导式操作完成数据处理。平台通过可视化的 ETL（抽取、转换、加载）能够有效降低数据处理技术门槛，快速高效地完成各项数据操作。同时，系统支持通过控制流执行配置、调度监控与异常处理，增强自动化的数据处理能力；提供对海量数据进行大数据算法模型的开发操作能力；提供采用组件式、模块化的模型搭建能力，将所有的操作均实现封装组合成为海量的模型算子，屏蔽传统复杂的代码，降低对建模人员的能力要求，算法模型开发人员能够通过简单的拖拽式操作完成建模过程，从而帮助用户建立快速、高质量、高素质全程可见的算法模型。

数据治理平台包括元数据模型管理，主数据管理、数据标准属性配置和规则管理，数据质量稽核配置、稽核调度，生成数据质量报告、数据安全管理等功能模块，有效提升数据可用性、可靠性和安全性，提高业务使用效率。平台通过规范化、体系化的数据治理服务，为企业提供数据全生命周期治理能力，确保数据高标准、高质量、更安全。

资产管理提供数据全生命周期管理，能够覆盖数据资产管理、数据集成、数据安全、数据质量、数据分析、数据服务等一站式管理能力。通过多维度的数据资产管理操作，真正实现以数据资产为核心，支撑上层数据资产分析、应用，加速数据价值转化。通过统一的数据管理功能，用户可以快速汇总和管理不同数据库中的数据，轻松梳理与发现数据之间的关系，从而支撑上层数据资产分析与应用构建。

2. 知识生产

在将数据转化为知识方面，提供数据汇聚、知识建模、知识加工（信息抽取、知识融合、知识校验）、图谱构建（概念体系设计、要素挂接、图谱编辑）、知识运营等流程和人机交互式服务。

数据汇聚支持多源异构数据的快速汇聚和接入，数据可来源于杭州量知数据科技有限公司（以下简称量知科技）已有标准化数据包，也可以来源于企业自有数仓、各种数据库及数据文件。

知识建模支持企业专家基于业务场景和知识服务需要，图谱化快速建模知识模型。企业专家可自定义知识模型的类型，系统根据产业知识图谱场景内置了概念、实体、文档、事件等四大类型。

信息抽取支持从海量文本中自动抽取特定的事件或事实信息，包括实体（entity）、关系（relation）、事件（event）等。例如从新闻中抽取时间、地点、关键人物，或者从技术文档中抽取产品名称、开发时间、性能指标等。

知识融合是指融合多个数据来源的关于同一个实体或概念的描述信息，对不同数据源的知识在统一规范下进行异构数据整合、消歧。

概念体系设计针对产业知识图谱场景的核心要素——产品概念及创新概念，支持领域专家编辑构建概念体系，系统会根据算法挖掘出的概念词典提供智能化推荐。

要素挂接将实体、文档、事件等图谱要素使用系统内置的要素挂接算法自动建立关系。

图谱编辑支持图谱构建人员使用拖拽、连线等方式快速对图谱进行编辑和调整，并对要素挂接的结果进行校验和处理。

知识运营面向产品和数据运营人员，提供可视化便捷的运营手段，对构建好的产业知识图谱进行长期的运营和维护。

知识服务基于企业对知识管理和应用的典型场景需求，将流程、运营、管理、技术等组合封装，形成满足企业具体任务需求的知识服务，具体包括认知搜索、全景画像、图谱探查等。

（二）全球产业知识云服务平台

产业大数据具有复杂、异构、演变、自治四个基本特征。随着大数据智能技术的发展，以数据和知识双驱动的智能决策技术将为产业决策智能化升级提供新思路。通过大数据知识工程，实现数据持续的自动获取，把海量数据基于时间和空间属性转化为碎片化知识，将离散的局部知识融合为全局知识，体现各类数据源的知识独特属性和复杂演化关系，进一步转化为辅助整体系统的决策和洞察，形成从数据感知，到认知推理，再到行动决策的产业智能决策闭环。

全球产业知识云服务平台正是面向产业智能决策领域，基于大数据汇聚管理、大知识加工学习、人机共生认知决策核心技术，进行海量数据资源整合、知识采集、加工、处理和智能决策，提供全球产业知识创新服务，赋能政府、企业、智库精准决策的一站式云服务平台（见图6-6）。

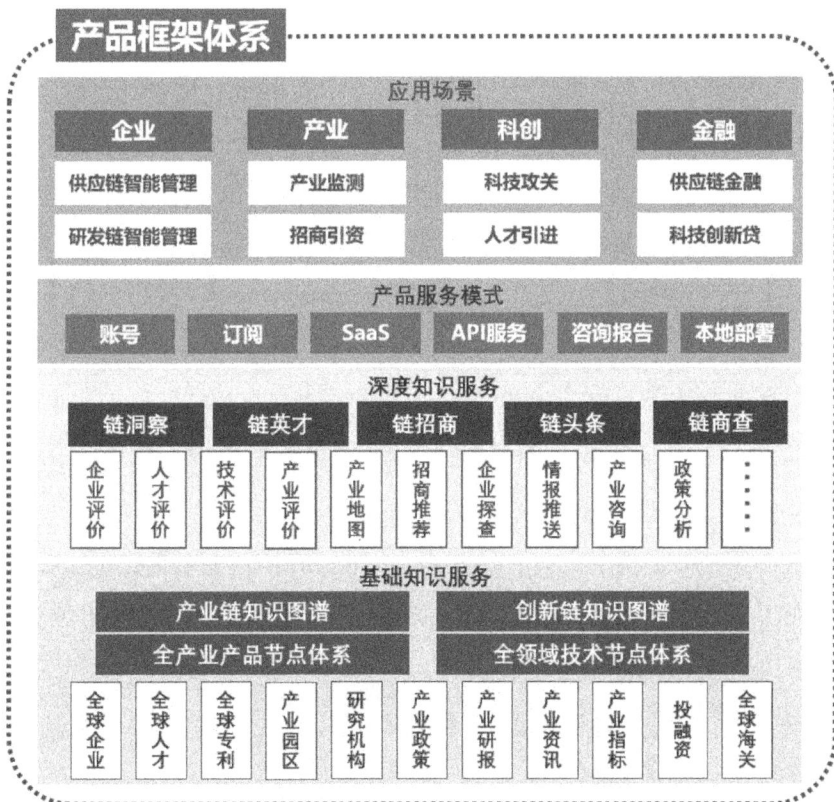

图6-6　全球产业知识云服务平台框架体系

1. 基础知识服务

围绕产业基础数据、产业链／创新链图谱提供全面、准确、实时的产业数据资源。

产业基础数据：包括全球企业、全球人才、全球专利、全球海关数据、产业园区、研究机构、产业政策、产业研报、产业资讯、产业指标、投融资信息等。

全产业产品节点体系：提供基于产品供应链整理形成的产品概念词库。

全领域技术节点体系：提供基于全球专利挖掘形成的技术概念词库。

产业链图谱：以产品为核心节点、以产品供应上中下游为组织关系、以产业要素挂接为展示形态的产业链知识图谱。

创新链图谱：以技术为核心节点、以技术发展不同阶段为组织关系、以创新要素挂接为展示形态的创新链知识图谱。

2. 深度知识服务

以产业链大数据资源和产业链／创新链图谱为基础，面向不同的产业分析场景，利用大数据智能技术构建产业决策模型，以解决相应的产业难题。

链洞察：对于某个行业，从产业链、创新链等视角深入分析该行业在空间、时间、产业领域的组织分布以及演化规律，主要提供产业地图、产业评价等功能服务。

链英才：区域产业链发展招才引智工具产品，为用户提供精准全方位的人才分析与挖掘服务。

链招商：区域产业链发展认知与招商合作业务应用系统，为用户提供交互式认知分析服务与招商业务流程管理服务。

链头条：产业链情报推送与分析服务工具产品，为产业链业务人员提供实时精准的情报助手服务。

链商查：全球产业链贸易态势感知与分析工具产品，为用户提供高价值情报分析挖掘服务。

（三）场景化产业链决策智能系统

1. 产业治理决策支持系统 IG-DSS

（1）产业治理决策支持系统架构

产业治理需要开展区域经济监测、经济预测预警、产业趋势分析、政策分析优化、竞争合作分析、产业链梳理优化、招商辅助决策以及企业群发展分析等方面工作，其复杂性、多样性的特点使得引入新一代人工智能技术，建立政产学研合作的产业经济治理智能化平台迫在眉睫，并急需通过平台为政府经济调节提供智能辅助服务。

产业治理决策支持系统 IG-DSS 建设依托浙江大学丰富的科研成果与产学研资源，充分运用大数据、人工智能、知识图谱等智能技术，深入剖析产业链基本构成及应用场景，全景俯瞰数字经济、高端制造、新材料等多领域产业链，分析不同区域的产业特色，厘清纵横交错的产业上下游关系，梳理区域产业发展特征和产品价值流动脉络，助力政府全方位推进产业基础再造和产业链提升。

产业治理决策支持系统 IG-DSS 是利用智能技术给产业发展装上了"大脑"，以产业智能中枢为基础底座，通过汇聚产业大数据实现数据化，构建产业知识图谱实现知识化，最终通过决策工具实现智能化和决策化，赋能产业治理决策。平台抽象了运行监测类、分析评价类、信息服务类、流程再造类、应急保障类五大类产业应用。架构图如图6-7所示：

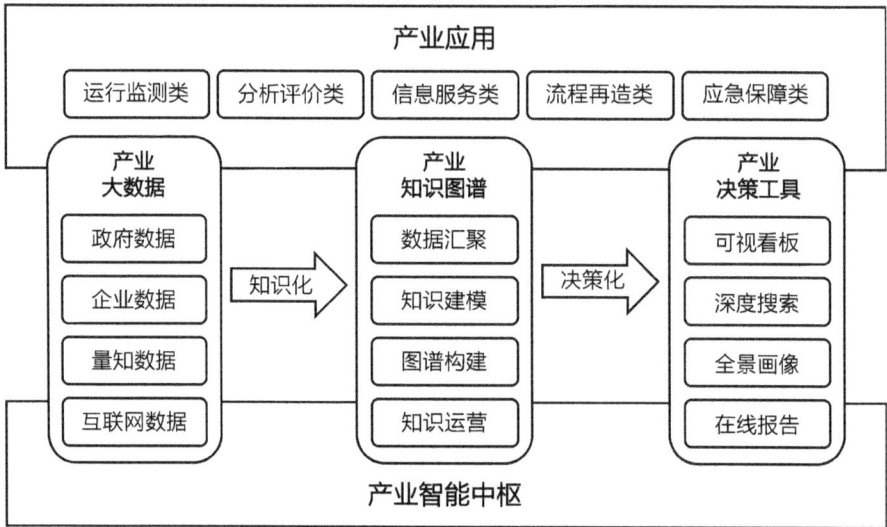

图 6-7　产业治理决策支持系统 IG-DSS 架构

（2）产业治理决策支持系统应用

产业治理决策支持系统 IG-DSS 以经信部门、发改部门、开发区（园区）等政府部门为典型客户，综合利用互联网公开数据、政府侧统计数据及业务数据对区域产业发展形势进行深入分析，通过科学的产业治理智能模型，辅助政府制定科学的产业政策、编制产业发展规划、调整产业结构，形成从数据到知识，知识到决策的全链路分析预警和辅助决策，确保产业经济运行总体平稳。实现基于大数据和人工智能的综合管理模式，为精准施政、招商引资等提供决策支撑，明确区域发展与优化方向，进一步体现区域产业发展过程的数据融合价值。

通过设计反映产业发展和转型水平的一系列新型指标体系，以及通过可视看板等方式对各项指标进行直观监测和预警，通过对政府治理、企业经营过程中等多种来源和类型的数据进行多维度分析探查，分别实现宏观区域经济运行监测、中观产业探查分析和微观企业诊断评价，并支持以人机协同的方式形成产业分析和评价报告。

产业治理决策支持系统 IG-DSS 具有如下特点：

1）产业经济数据融合和多维展示

融合全球海关、专利、企业生产等数据，建立统一的指标库，结合政府和企业数据，对宏观经济和微观企业表现做贯穿分析，实现产业链数据深度融合，打破数据孤岛。

2）针对决策场景的人工智能算法模型

根据政府业务和决策治理要求，基于机器学习和数据挖掘算法构建智能综合评估模型，对企业进行科学、客观、系统、全面的评估，量化企业创新能力和综合实力。根据区域产业特点和定位，对产业所在区域和对标区域建立区域竞争力模型、风险预警模型等，运用语义理解模型、知识融合模型、知识推理模型等，助力政府全面综合了解区域产业的发展。

3）模块化／组件化产品易于快速部署

产业治理决策支持系统 IG-DSS 中已有的各类模块化／组件化产品的可移植性、可复制性高，根据用户需求可自由组合，易于实现快速部署。

2. 科技创新决策支持系统 STI-DSS

（1）科技创新决策支持系统架构

科技创新决策支持系统面向科技主管部门、创新平台，以产业链创新链融合为视角，采用"双轮驱动"模式，一方面通过厘清科技家底，辅助科技主管部门进行创新态势洞察与监测，助力关键核心技术攻关；另一方面，深入探究科技人才、技术等创新资源与情报，辅助创新平台做好创新人才引进、研判技术发展趋势与热点，助力抢占技术制高点和提升战略科技能力（见图6-8）。

科技创新决策支持系统利用一站式认知计算平台打通自有数据，融合官方数据、第三方数据和互联网公开数据，形成内聚外合科创产业大数据底座，进一步通过人机协同方式构建产业知识图谱，建设涵盖数据、图谱、算法、模型、工具、应用组件等一整套科创知识中心服务平台，为上层场景应用提供高效的智能服务。场景应用一方面面向科技主管部门通过"本地化部署＋低代码开发"形式提供"科技驾驶舱"和"关键核心技术攻关"服务，另一方面面向创新平台通过"报告服务＋高端咨询＋线下服务"形式提供"科技人才尽调"和"技术全景分析"服务。

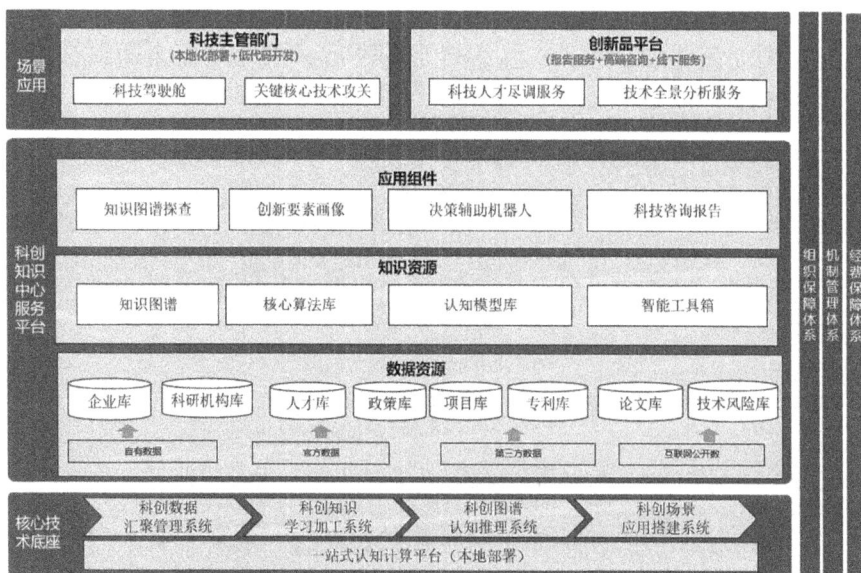

图6-8 科技创新决策支持系统

（2）科技创新决策支持系统应用

1）基于"双链"融合的科技驾驶舱

厘清科技"家底"是科技部门首要且基础性的工作，但目前存在科技资源不清晰、科技主体不了解、科技要素不统筹、科技产业不融合、科技发展不清晰和科技评价不科学等痛点问题。为解决以上难题，将通过科技创新决策支持系统建设，提供基于"双链"融合的科技驾驶舱，主要包括：

图谱探查分析：展现产业创新链上下游信息，以及各节点详情。围绕产业创新链企业，完成地理空间图谱，立足于产业链重点环节进行区域分布的观察和分析。支持企业、人才、平台、政策、专利技术等要素的深度搜索。

创新主体画像：支持产业创新链企业、人才、平台载体等要素的画像，以及科技企业科创研值展现，助力洞察创新主体与要素的发展状况。

人才地图：实现一图全览人才总体情况，包括科技人才总量、人才来源、年龄层次、性别结构、学历构成、领域分布、人才类型、人才成果、人才载体情况等。

产业创新监测：从科技关键指标、产业链创新能力评价模型，支持科技管理者从区域，以及区域对比、节点、时间等维度探查产业创新能力发展情况。

2）"关键核心技术攻关"应用系统

随着我国不断加大科研投入的规模和强度，科研项目的数量和经费规模均得到显著的提升，但科研项目部署也存在诸多问题。例如项目部署没有落地到关键核心技术上；项目多头申报、重复立项问题；攻关资源匹配不合理；攻关项目验收往往重验收形式、轻应用成效等。针对以上难题，通过科技创新决策支持系统建设，提供关键核心技术攻关平台：

绘制技术图谱：根据地区科技战略发展方向要求绘制技术图谱，形成对一个领域的总体认知，技术图谱绘制将采用人机协同方案，高效形成由行业研究人员、行业专家参与的高精度、权威性的技术图谱；

挖掘关键核心技术：利用大数据智能技术，对国外管制清单数据、全球专利数据、资讯研报核心观点数据进行挖掘，挖掘出技术领域的关键核心技术；

盘点要素资源：主要盘点地区市场侧提出的技术攻关需求情况、历史项目部署情况、科研成果情况，以及科技资源（科技企业、研究机构、专家、团队）情况，将要素资源迭代到技术路线图，实现一图全览地区某个技术领域现状，一方面为项目部署提供总体依据，另一方面为攻关资源匹配提供依据。

建设人机协同项目指南凝练系统：引入行业专家机制，专家根据专业知识再次确定某个技术领域的核心技术、市场侧需求、项目部署、科研成果及科技资源总体情况，结合实际进行项目指南凝练，作为科技部分部署项目的依据；

建设项目部署的追踪和评价机制：项目部署后要建立持续的项目跟踪机制，尤其是针对项目部署产生的成果建立量化评价机制，跟踪项目成果走向实际。

3）面向创新平台提供科技人才尽调服务

建设以高精度多维度动态人才画像为基础的全球科技人才库，提供科技人才尽调报告，帮助科研院所进行人才的客观评估、顶尖人才的精准引进，以及人才流失风险预警。人才尽调报告将以搭建科技人才能力评价体系、人才招引评价体系、形成科技人才精准画像为目标，全面深入揭示科技人才的基本信息、荣誉奖项、研究领域、合作网络、科研成果、人才评价等，为研究机构、区域科技部门提供精准的人才尽调报告。

4）面向创新平台提供技术全景分析服务

技术分析全景报告基于全球实时更新的专利数据库，通过对专利概览、地域、技术主题、申请人、发明人、重点专利、专利诉讼的分析帮助创新平台实时追踪竞争对手的动向，在进军新领域时搜集调研数据、寻求合作伙伴实现产业互补、进行专利资产评估与专利风险预警，除此之外技术分析全景报告提供的行业分析、技术图谱与市场情报，能够赋能创新平台预判未来市场走向、捕捉技术创新方向、制定竞争对手应对策略，以及了解技术领域的诉讼风险和趋势，从而帮助创新平台建立一张动态的行业情报信息网络图，协助构建科研创新的探索与防护体系。基于专利的技术全景分析主要包括：

专利趋势：分析某个技术领域专利申请和授权量随时间变化趋势；

法律状态：通过专利有效／失效／审核中等状态的占比分析，帮助衡量某个技术领域专利活跃程度；

专利类型：反映某个技术领域的申请人专注于产品／技术创新的功能还是外观，通常发明专利相对于实用新型的占比，反映该领域的创新程度高低；

技术生命周期：利用专利申请量与专利申请人数随时间的推移而变化，来帮助分析当前技术领域所处的生命周期。

3. 企业运营决策支持系统 EO-DSS

（1）企业运营决策支持系统架构

国家先后出台的中国制造 2025、互联网＋、新一代人工智能发展规划等重要文件，为智慧企业的发展指明了方向；新一代人工智能技术取得战略性突破，推动社会经济各领域加速向智能化跃升，为智慧企业发展提供了技术条件。企业智慧大脑的有效构建则承载着智慧企业实现整体跃迁的关键使命。

企业运营决策支持系统 EO-DSS，是以新一代人工智能技术为基础，以企业内私域和企业外公域多模态异构大数据为资源，以场景问题为导向融合知识与算法模型，支持交互式高性能数据感知、知识认知、智能决策、在线反馈执行的企业智慧大脑。其整体架构主要包括知识学习与计算引擎、企业知识中心、交互式认知决策引擎三大组件（见图 6-9）：

知识学习与计算引擎：支持基于数字虚体异构数据仓库中多模态大数据进行知识加工与构建，以及基于企业知识中心知识型数据进行知识计算与挖掘。内嵌高性能分布式计算算法框架、交互式知识构建与计算套件、计算任务调度管理中心等模块。

企业知识中心：有效表达和高效存储知识学习与计算引擎的知识加工结果，持续沉淀各类专家与用户经验知识；支持知识型数据和各类模型进行知识挖掘计算，支撑从知识到智能的认知决策过程。包括高性能知识和模型存储单元、知识与模型管理服务系统等模块。

交互式认知决策引擎：基于企业智能化场景问题，针对跨层级多角色，运用企业知识中心知识型数据和场景任务模型提供认知决策服务。内嵌在线获取与反馈接口、通用认知决策应用组件集合、可视认知决策交互系统等模块。

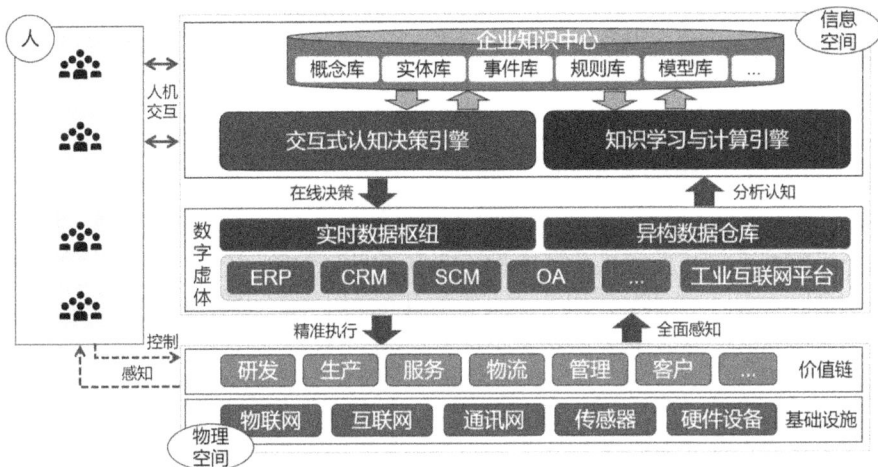

图 6-9 企业运营决策支持系统 EO-DSS 架构

（2）企业运营决策支持系统应用

企业运营决策支持系统 EO-DSS 针对企业在大数据与人工智能技术驱动下开展的生产、经营、运营、管理、服务等活动进行自动化和智能化决策支持，促使形成更加精细化和精准化运作的精益运营模式，进一步建立人机协同的高效可迭代工作模式，进而实现企业运转的全链路自主优化演进（见图 6-10）。

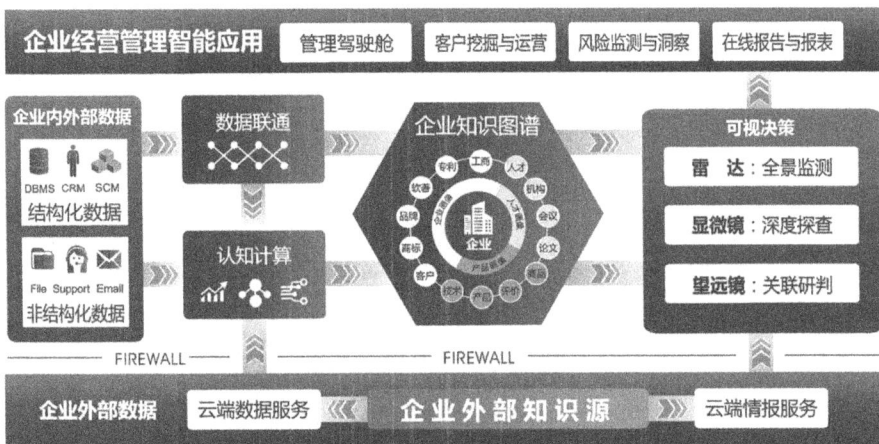

图 6-10　企业经营管理智能应用

　　系统应用可面向不同场景提供相应解决方案，例如针对券商企业，结合行业领域知识要素特点，融合企业内外部证券场景相关活动数据，构建出以客户、个股、企业、关键事件、关键指标等为核心体系的企业知识图谱，进而形成包括企业经营分析、客户画像分析、潜在客户挖掘、证券投资分析、证券风险预警等应用，高效解决券商企业实际经营问题；针对外贸服务企业，基于进出口贸易大数据进行深度高效地清洗与服务，将场景中产品、国家、单据、标准、事件等信息打通整合，以实现对海外市场拓展、竞争情报分析、商品风险防控等方面的数据智能服务。

　　在企业内部经营管理决策应用中，通过打通融合企业内外部、多源头的结构化数据与非结构化数据，对数据进行深度加工与关联计算，形成基于企业大数据的知识图谱，进而支撑不同视角、不同粒度、不同形式的决策分析支持和应用。通过企业运营决策支持系统的管理驾驶舱、客户挖掘与运营、风险监测与洞察、在线报告与报表等应用的有效构建，形成企业各部门数据与知识的共建共享，以最有效的信息流通方式和层级管理机制来进行经营管理方面的认知决策活动，并基于企业各环节运行状态和特点持续优化经营管理流程。

四、产业链决策智能典型案例

（一）产业一链通——产业链数字化治理的浙江实践

1. 建设背景

产业一链通围绕优化稳定产业链供应链重大任务，目的在于让产业链由无形变有形，以数字化推动产业变革，重塑经济治理体系，实现整体智治高效协同。浙江省经信厅以产业一链通重大应用为抓手，创新性地开展"链长 + 链主"实践，以"三融五跨"方法开发建设产业链群治大协同系统，对业务流程优化再造，做到量化闭环。结合强链、补链、畅链、固链四大业务举措，谋划构建"1+2+4+N"的应用架构，迭代开发"产业一链通"群治系统。"1"是指 1 个综合集成应用，"2"是指面向企业、政府两侧提供服务，"4"是指强链、补链、畅链、固链4 个业务协同子场景，"N"是指每个子场景中若干个业务功能模块。省经信厅联合省科技厅、省商务厅、省交通厅、省电力公司等 15 个省级部门，综合集成 16 个应用系统 25 个功能模块。以链为单位，创新形成产业链数字化协同推进机制，为全国产业治理现代化变革提供浙江实践。

2. 建设内容

（1）体系架构

产业一链通系统以"强链、补链、畅链、固链"为核心场景，其体系构架遵照数字化改革整体框架，自下而上包括底层的"一体化智能化公共服务平台"基础支撑；应用体系综合集成省级横向部门多项应用；业务体系围绕用户和需求，形成各模块子场景应用，推动各类需求在各模块子场景中业务落地；顶层是浙里办和浙政钉门户，同时根据用户群体，尤其是企业侧用户群体的需求设置互联网门户（见图6-11）。

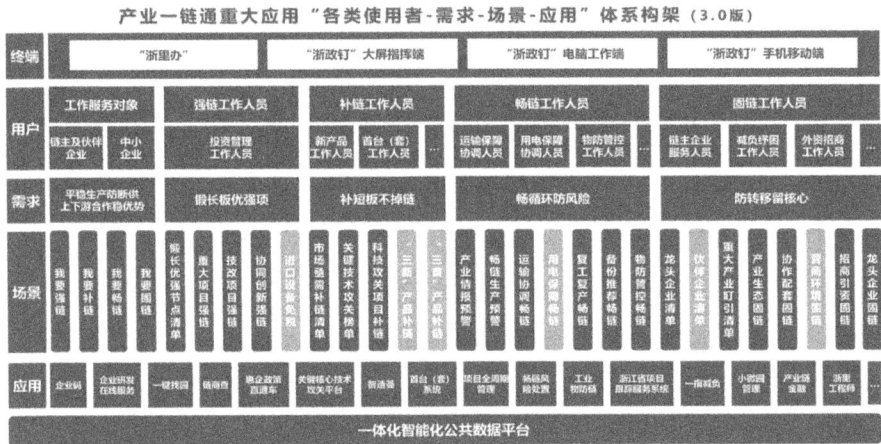

图6-11 产业一链通系统"用户－需求－场景－应用"体系架构

1）场景设计

针对产业链"强什么、补什么、畅什么和固什么"，围绕构建"决策—控制—反馈—改进"多跨协同闭环管理机制，梳理设计"强链、补链、畅链、固链"四个子场景。

强链子场景。利用强链节点量化甄选模型，分析产业链长板强化的方向，输出锻长优强节点清单，形成招大引强计划，以标志性产业链省重大制造业项目、省重点技术改造项目为抓手，推动产业链优化强化。

补链子场景。利用补链技术卡点甄选模型，聚焦断链风险和"尖兵""领雁"攻关领域，分析市场亟须补链产品，输出市场亟须补链清单，通过整合产学研用资源同向发力，加强协同攻关，实施重大科技攻关项目、新产品开发计划，提升优势产业链的自主可控。

畅链子场景。利用畅链风险探查推理模型，输出畅链预警清单，结合企业畅链诉求，以"链主型"企业和关键核心企业为重点，建立快速响应、多跨协同的区域联动风险处置机制，加强运输保障、要素协调、备份推荐、复工复产服务，畅通优势产业链。

固链子场景。利用固链企业量化甄选模型，输出固链企业清单，实施招大引强、山海协作、区域合作行动，招引和集聚产业链上下游企业，打造"415"先进制造业集群体系，以企业有机更新动态稳固优势产业链。

3. 建设成效

"产业一链通"综合集成了算力、算法、数据、模型等数据与知识资源，构建了闭环管理机制，形成实战实用实效新能力。

一是企业欢迎。截至 2022 年 7 月，系统企业用户 6.3 万家，累计访问量 264.8 万次；2021 年 12 月上线以来，累计解决企业各类诉求 7.6 万个（解决率 99.9%），挽回直接经济损失 246 亿元。二是政府有用。政府侧及时处置企业风险 1872 项；迅速排除进口物品阳性问题 143 起，保障 5905 家企业正常生产。三是领导肯定。形成理论制度成果 12 项，获得部省领导批示 5 件，得到《新闻联播》点赞，被工信部评为优秀案例在全国推广，2022 年 6 月 30 日在数字化改革推进会上作为重大应用案例向浙江省委书记袁家军演示汇报，并获得肯定。

（二）浙里核心技术攻关应用——产业链创新链融合的浙江实践

1. 建设背景

中央有指示，当前国际形势动荡，新一轮国际科技竞争日趋严峻，我国部分关键核心技术受制于国外等"卡脖子"问题突出。面对这样的现状与复杂的国际形势，习近平总书记提出了关键技术发展的重要方向与要求，习近平总书记强调，"坚决打赢关键核心技术攻坚战""研究真问题、真研究问题""改革重大科技项目立项和组织管理方式"[①]。

浙江有行动，浙江省委、省政府全力响应国家重大战略部署提出"三大科创高地建设和数字化改革是示范区建设的核心动力""大力开展关键核心技术攻关，奋力实现更多'从 0 到 1'的突破"。

现实有需求，针对浙江省三大科创高地重大标志性成果还不够多的重大需求，聚焦以往难以解决的关键核心技术攻关体制机制性难题，着力解决"攻关需求凝练不精准、攻关任务主动设计和布局不足"等源头性、瓶颈性问题。

2. 建设内容

浙里核心技术攻关应用系统架构主要由数据层、知识层、决策层构成。利用一站式认知计算平台和 OpenKS 知识计算引擎，整合中国工程科技知识中心、国家省市县相关部门共享数据和第三方接入数据形成统一数据层（见图 6-12）。通过自然语言处理技术、知识抽取综合技术、图谱推理技术、量化统计分析技术等构建知识图谱形成知识层。由知识层形成攻关需求尽调分析模型、攻关主体遴选分析模型、攻关

---

① 习近平. 在中国科学院第二十次院士大会、中国工程院第十五次院士大会、中国科协第十次全国代表大会上的讲话. 新华社，2021-05-28.

资源匹配分析模型和攻关成果评价分析模型等，形成决策层。

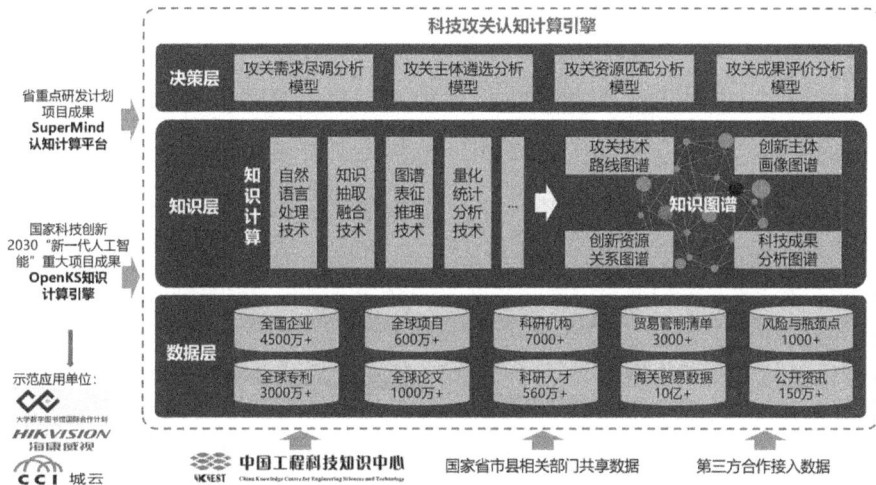

图 6-12　浙里核心技术攻关应用系统架构

基于以上架构，由科技攻关认知计算引擎开发出创新链技术路线图、攻关需求辅助决策、攻关资源配置服务、攻关团队组建支持、攻关成果评价辅助应用场景。

创新链技术路线图：一图总览创新链与产业链融合下的科技攻关态势情况，区别于传统人工构建技术路线图的方式，采用以大数据智能、群体智能为代表的新一代人工智能技术，人机协同快速梳理形成创新链节点知识体系，主动挖掘识别领域技术瓶颈，自动关联省内外创新主体、项目、成果等攻关资源，辅助进行攻关方向规划与项目团队组织。

攻关需求辅助决策：核心是攻关需求征集凝练机制的重塑性变革，针对攻关需求任务凝练不精准等问题，通过计算引擎实现实时需求尽调，可以变"年度征集、专家辅助"为"广开言路、智能辅助、主动设计、动态凝练、滚动发榜"。主要围绕需求是否匹配断供断链风险点、创新链技术图和海关贸易数据、国外管制清单给出具体分析建议，并可及时反馈给需求方。依托这个尽调系统，相当于装上了"火眼金睛、三头六臂"，可以充分发挥主动设计作用，将符合攻关要求的需求进一步分析凝练后形成攻关任务榜单，既提高了需求凝练质量，也提高了榜单发布效率。

攻关资源配置服务：主要解决找创新资源不够方便、效率不够高等问题，变攻关团队找资源为精准推送匹配资源。整合了"大仪共享""浙科贷""浙里扣"等子应用，方便攻关主体通过服务端一键提交资源需求申请，可以快速找到仪器、找到政策、找到资金、找到项目成果和服务机构等，助力研发攻关。通过这个场景，可以对科研人员承担的攻关任务进行智能关联分析，主动发送相关资源信息给攻关主体。

攻关团队组建支持：主要针对攻关团队"老面孔多"、临时拉郎配、找圈内熟人等问题，可以变科研人员跑项目、拼团队为科技部门精准向下推项目、帮助组配团队。主要根据攻关任务涉及的技术领域，与各类数据库进行匹配，并结合企业、专家、机构的合作关系网以及创新链上下游关系，多维度进行遴选。根据分析结果，我们可以向潜在攻关主体精准推送，让能攻关的人都能看得见榜单、并可以快速组队攻榜。特别是各级科技部门可以积极发挥组织者作用，主动协调、组配团队，提升攻关团队精准性，还可以为地方招引重点领域高层次人才、科技型企业发挥重要作用。

攻关成果评价辅助：主要解决"重验收形式、轻应用成效""能不能用、好不好用"都能通过验收等问题，可变专家验收评价为"智能评价＋用户评价"。梳理当年形成的攻关项目阶段性成果，通过成果评价算法模型围绕解决技术瓶颈问题、断供断链风险、国外贸易管制等方面进行智能评价，并向评价后建议的相关用户单位，推送开展线上评价，提升评价的公平性和精准性。

3. 建设成效

截至 2022 年 7 月，浙里核心技术攻关应用系统征集攻关需求 6928 个，形成首批攻关任务榜单 841 个，缩短需求征集凝练时间 50% 以上；推送榜单和推荐信息 7264 次，智能化组建攻关团队 143 个；多跨整合建立 8 类科技资源库，主动推送资源信息 1150 条，配置资源数据 2.5 万条；支撑产品进口替代成果 163 个。

2022 年 1 月 23 日《新闻联播》头条"新思想引领新征程 创新催生高质量发展新动能"，点赞浙江省"浙里关键核心技术攻关"、科技惠企政策十条、科技小巨人等创新做法。

（三）易查云：全球智能贸易信息查询平台

1. 建设背景

自新冠肺炎疫情发生以来，国内外贸企业发展难度大，主要面临四个方面的问题：一是新订单下降，外贸行业分化严重，除医疗、家居行业外，其他行业外贸企业普遍订单下降；二是原材料价格上涨，全球央行大放水的背景下通货膨胀严重，原材料价格疯涨，企业成本增加；三是客户流失，疫情影响下，全球供应链受到重创，许多企业削减规模，重塑供应链；四是汇率下跌，这让本就发展困难的外贸企业雪上加霜。同时，受疫情影响线下展览取消，传统获客方式受阻，且国外采购商出现倒闭潮，企业信用风险大，由此企业亟须海量大数据分析，以找准市场定位，提升核心竞争力。

易查云全球智能贸易信息查询平台，基于政府开放数据和自有全球海关进出口交易记录信息、全球企业主体多维度信息等数据，植入人工智能的算法及决策引擎，助力构建外贸企业的供应链闭环。面向外贸行业，解决企业传统获客途径受阻、企业信用风险大、企业市场定位不清等痛点，运用大数据推动外贸企业健康发展。

2. 建设内容

易查云全球智能贸易信息查询平台整体系统架构如图6-13所示：

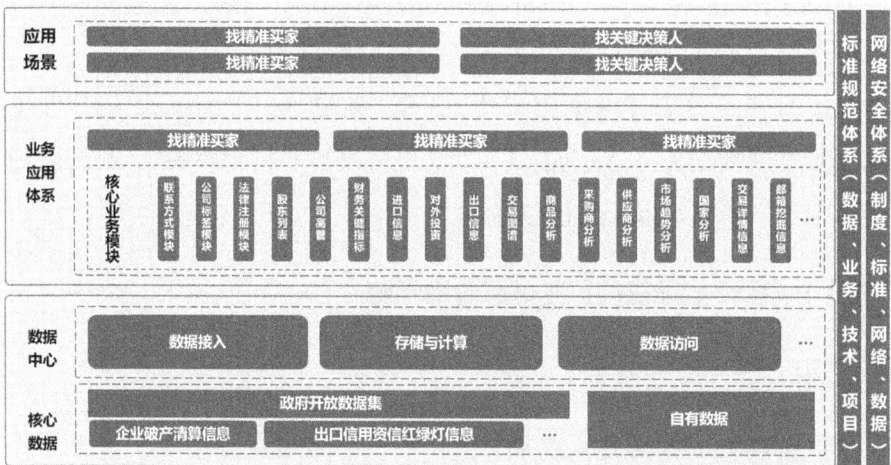

图6-13　全球智能贸易信息查询平台架构

（1）为企业找精准买家

易查云全球智能贸易信息查询平台可基于用户需求，对用户的目标客户通过多维筛选条件进行过滤，包括国家、客户类型、客户规模、产品类目等，基于易查云的大数据和人工智能技术，将全球海关公开数据、政府开放数据、互联网爬虫数据、商业开放数据做统一的数据治理和智能分析，在易查云平台通过买家推荐算法模型、买家风险评估模型、全球企业主体 ID 化模型等进行买家信息的深入挖掘，最终为用户进行精准的买家推荐服务（见图 6-14）。

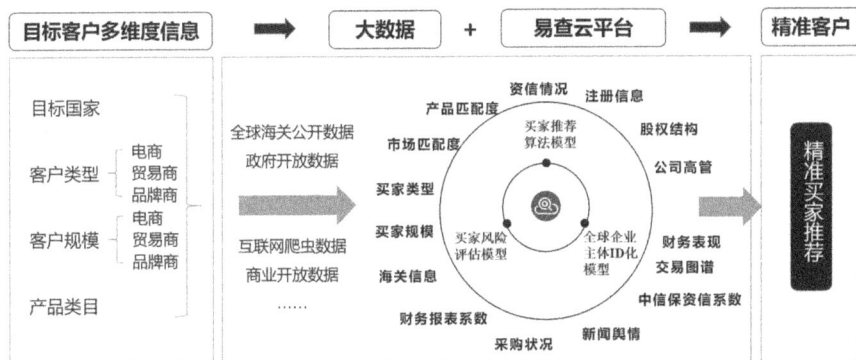

图 6-14　精准买家推荐流程

（2）分析市场发展动态

易查云全球智能贸易信息查询平台可基于全球海关进出口交易记录信息，为用户提供多维度的贸易形势分析，包括产品交易分析、市场趋势分析、目的国家分析、采购商分析和供应商分析等（见图 6-15）。

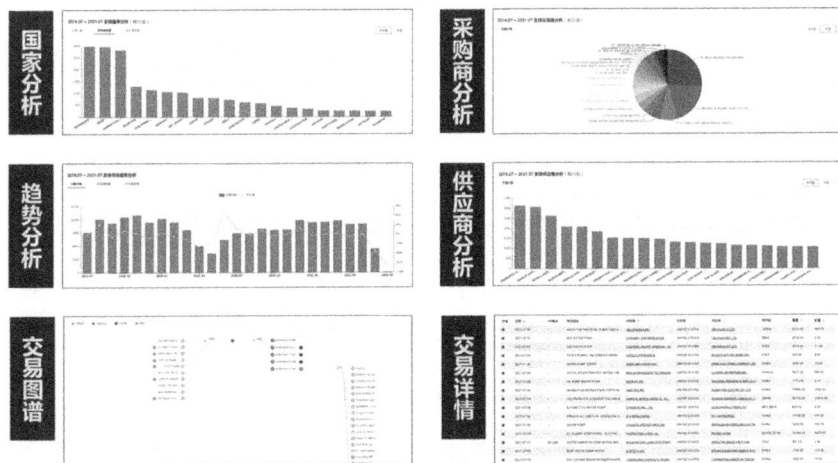

图 6-15　市场贸易分析

3. 建设成效

易查云全球智能贸易信息查询平台是服务中国本土外贸企业的大数据产品，提供对客户有价值的数据，赋能外贸行业发展。切实解决外贸行业寻找买家、增加国际订单、降低接单风险等实际问题，优化客商质量，重塑传统贸易行业的商业形态和交易方式，全方位提升外贸企业主动开发客户能力。当前，易查云平台已经汇集全球4亿家企业多维度信息，全球20亿条真实交易记录，全球1200万真实买家、全球6000万采购负责人，用户利用平台累计查询1000万次以上，平台成交金额达数千万美金。

（邵健　杭州量知数据科技有限公司创始人、董事长兼CEO）

高峰按：

随着新一代人工智能及智能经济的发展，产业链数智化转型迎来新的挑战与机遇。无论是政府、企业，还是其他组织机构，在走向产业链数智化转型的道路上，都面临着产业数据壁垒难以打破、产业知识无法沉淀反哺、产业决策协同效率低下等痛点。为顺应产业链创新发展趋势和潮流，解决产业链数智化进程中的难题，亟需设计构建一整套一站式的知识计算平台，打通从数据到知识再到认知决策的流程，通过结合行业知识与人工智能技术，实现数据与知识双轮驱动，推动人工智能进入产业链核心生产系统。我们欣喜地看到，为帮助领导者高效决策而提供产业数据支持的杭州量知数据科技有限公司，立足于浙江大学潘云鹤院士经济运行智能化理论，发布了具有自主知识产权的基于认知计算的产业链决策智能系统，助力企业与政府构建产业大脑，实现区域产业经济智能化运行与企业智慧运营，引领我国大数据应用从浅层信息服务走向深度知识服务，为产业链数智化转型升级带来新的驱动力，也为行业创新带来无限可能。